Mary Koch

Loreley, episch-lyrische Dichtung in elf Gesängen

Mary Koch

Loreley, episch-lyrische Dichtung in elf Gesängen

ISBN/EAN: 9783743656031

Hergestellt in Europa, USA, Kanada, Australien, Japan

Cover: Foto ©Thomas Meinert / pixelio.de

Weitere Bücher finden Sie auf **www.hansebooks.com**

Lorelen.

Episch-lyrische Dichtung in elf Gesängen

von

Mary Koch.

Stuttgart,
Verlag von Carl Barth.
1884.

Alle Rechte vorbehalten.

Druck von Albert Klein in Nürtingen a. N.

Inhalt.

	Seite
Einleitung	1
I. Das Winzerfest	6
II. Lore	24
III. Lore's Sehnsucht	47
IV. Die Enttäuschung	50
V. Die Hochzeit	73
VI. Hartwin	101
IIV. Das Gericht	106
VIII. Bertha	138
IX. Das Kloster	161
X. Der Verbannte	187
XI. Loreley	210
Schluß	225
Anmerkungen	229

Vorrede.

Sowohl in Prosa als auch in Liedern ist die Loreleysage bereits vielfach bearbeitet worden, poetisch von Brentano und Heine und als Oper von Geibel. Offenbar ist die Sage am besten durch die Oper Geibel's zur Anschauung gebracht worden; allein auch in der Oper tritt der historische und lokale Hintergrund zu wenig hervor, in ihr müssen die Dekorationen und die Darstellungen ergänzen, was dem Gedichte mangelt. Es ist demgemäß klar, daß die Lektüre der Oper von Geibel dem Leser kein vollständiges Bild der ganzen Sage vorführen kann, solches kann nur durch ein Epos bewirkt werden. Diese Erwägungen haben die Verfasserin bestimmt, die Abfassung eines solchen Epos zu versuchen und es der Beurtheilung der geehrten Leser und Leserinnen anheim zu stellen, ob und inwiefern ihr dieser Versuch gelungen ist.

Die erforderlichen und nicht schon aus dem Gedichte selbst klaren Erläuterungen sind am Schlusse in besonderen Anmerkungen beigefügt worden.

Einleitung.

Als in alten, fernen Zeiten
An dem Rhein die Römer fochten,
Und in langem, hartem Streite
Die Germanen unterjochten,

Pflanzten an besonnten Hügeln
Sie Italien's schönste Gaben:
Reben aus den Südgefilden,
Sich am heim'schen Trunk zu laben.

Um Gedeihen zu erflehen,
Bauten sie am Strand des Rheines
Einen Altar, groß und prächtig,
Weihten ihn dem Gott des Weines.

Bacharach, Altar des Bacchus,
Also nannten sie die Stätte,
Die sie festigten mit Mauern
Tief bis an des Stromes Bette.

Auch auf steiler Bergeshöhe
Schafften emsig viele Hände;
Unter'm Schlage schwerer Aexte
Dröhnten dumpf die Felsenwände.

Auf granit'nem Fundamente
Hoben bald sich starke Thürme;
Eisenfest erstand da Staleck,
Daß es Bacharach beschirme.

Später, als dann Karl der Große
Väterlich den Weinbau schützte,
Und das Schwert der Trachgaugrafen
Hilfsbereit auf Staleck blitzte,

Konnte nichts mehr seinen Handel,
Nichts den Reichthum ihm gefährden;
Keines Ritters Raubgesinde
Konnte ihm verderblich werden.

Durch den mächtigen Dynasten
Hermann, Graf auf Staleck droben,
Ward die Stadt zum Stapelplatze
Alles Wein's im Gau erhoben.

In die Flucht den Feind zu schlagen
War ein Spaß dem kühnen Degen;
Freche Räuber, die sich zeigten,
Wußt' er mit dem Stahl zu fegen.

Leider ward sein Durst nach Thaten
Selber ihm noch zum Verderben; —
Oder hattet, dunkle Mächte,
Ihr bestimmt ihm frühes Sterben? —

Ueber ihn bei Barbarossa
Führten Ritter schwere Klagen
Wegen Friedensbruch; — der Kaiser
Ihm befahl das Hundetragen.

Bis in's Innerste verwundet
Durch die schmählich bitt're Strafe
Fand zu Eberbach im Kloster
Bald er Ruh' im ew'gen Schlafe.

Nun Konrad von Hohenstaufen
Herrscht' in Staleck's festen Mauern;
Stets war es sein ernstes Streben,
Daß der Glanz der Stadt mög' dauern.

Doch nicht immer mocht' er weilen
Hier im Gau; es zog ihn balde
Hin nach Heidelberg, zum Neckar,
Hin zum fernen Odenwalde.

Seit der Zeit die Herrn von Staleck
Selten nur das Schloß besuchten;
Doch ihr Schutz war über Bach'rach,
Seinen Thälern, seinen Schluchten.

Denn ob weit auch nach dem Süden
Hin der Pfalzgraf zog von dannen;
Auf dem Schlosse wachte treulich
Doch der Vogt mit seinen Mannen.

Weh' dem Feinde, der es wagte
Bach'rach's Frieden schnöd zu brechen;
Schwer die Unbill ward geahndet
Durch den Vogt, der kam zu rächen.

Drum, weil hier nun wohlbehütet
Lag der Winzer Gut geborgen,
Brachte Jeder seine Waare
Her zum Markte ohne Sorgen.

Und hierher die Käufer strömten
Fern aus deutsch' und welschen Landen;
Daher kam's, daß alle Weine
Bald schon ihren Absatz fanden.

I. Das Winzerfest.

1.

„Auf, Gesellen, auf, ihr Brüder!
Frisch zum Zuge sich vertheilt!
Seht, schon kommt auf stolzem Rosse
Steinach, unser Vogt, geeilt."

Also ruft mit lauter Stimme
Dort auf Diebach's Wiesenplan
Hartwin Voit, des Zuges Führer,
Hurtig schaart sich Mann an Mann.

Denn es gilt, das Fest zu feiern,
Das den Winzer hochbeglückt,
Wenn des Himmels reichen Segen
In der Ernte er erblickt.

An des Zuges Spitze treten
Mit dem rebumkränzten Stab
Festgeschmückt des Weinbergs Hüter,
Wehren rings die Menge ab.

Ihnen folgt mit stolzem Banner
Drauf der Bote Dagobert;
Stattlich stehn dem kühnen Recken
Schuppenpanzer, Helm und Schwert.

Dann mit rauschenden Fanfaren,
Mit Trompeten und Schalmei'n
Schreiten sieben Musikanten,
Durch ihr Spiel das Fest zu weih'n.

Nun die liebe, frohe Jugend
Einet jauchzend sich zum Chor;
Mit Guirlanden grün umgürtet
Jubelt sie ihr Lied empor.

Jetzt auf rebbekränztem Wagen
Und mit Blumen reich geschmückt,
Kommt der Jungfrau'n Chor gezogen,
Deren Blick das Herz entzückt.

Lore, Meister Hartwin's Tochter,
Mit dem stillbescheidnen Sinn,
Thronet dort in ihrer Mitte
Als des Festes Königin.

Welche Huld, welch' süßen Zauber
Strömt ihr blaues Auge aus!
Und das Antlitz, welche Güte,
Welche Milde spricht daraus!

Strahlend ihres Festgewandes
Blüthenweiße Seide blinkt,
Von der laubumwund'nen Stirne
Glühend eine Traube winkt.

Auf der Leyer zarten Saiten
Ihre schöne Rechte ruht,
Und hernieder wallt der Locken
Fessellose, goldne Fluth.

Ist's die Göttin? Ist es Hertha,
Die bei Lenzesanbeginn
Durch die Fluren fährt und Auen
Auf bekränztem Wagen hin?

Auf sie richten sich die Blicke,
Ist sie doch die schönste Maid,
Die das Auge kann erschauen
An dem Rheinstrom weit und breit.

Dann auf buntgeziertem Karren,
Mit bekränztem Viergespann,
Als des Herbstes erste Spende
Schwankt das Mostfaß schwer heran.

Jünglinge im Winzerkleide,
Mit Emblemen in der Hand,
Hüten rings die süße Gabe,
Reicher Ernte Unterpfand.

Auf geschmückten Rossen folgen
Ritter nun in mäß'gem Trab,
Erst des Zuges edler Führer,
Hartwin mit dem Rebenstab.

Dann kommt Heinrich von der Porten,
Nach ihm Barthel Ingelheim,
Peter an der Puzze dorten,
Auch der Freiherr von dem Stein.

Barthold Schildberg drauf, der Edle,
Aus ruhmwürdigem Geschlecht,
Kraft von Diebach, jung an Jahren,
Doch gefürchtet im Gefecht.

Konrad Schöneck, Peter Hahnen,
Philipp, Herr von Hohenfels,
Vuderfat, der auf dem Hunsrück
Schon erjagte manchen Pelz.

Nun auf kräft'gem, weißem Hengste
Kommt der Vogt; ihm zugesellt
Sind zwei gar beliebte Grafen,
Baffenheim und Degenfeld.

Unter frohem Festgeläute
Geht der Zug durch Bach'rachs Thor,
Und die große Schaar des Volkes
Jauchzet „Hoch!" im Jubelchor.

Durch die Straßen nach dem Markte
Strömt's, dem alten Brauche treu,
Hin, wo als des Pfalzgrafs Wappen
Prangt der goldgekrönte Leu.

2.

Vor dem großen Rathhaussaale,
Wo den Markt man überschauet,
Ist, auf starken Trägern ruhend,
Die Tribüne aufgebauet.

Bunte Fahnen ringsum flattern,
Alles schmücken Rebguirlanden;
Blumen streuten fleiß'ge Hände
Ueberall, wo Raum sie fanden.

Dort inmitten aller Ritter,
Fern von jeglichem Gedränge,
Sitzt der Vogt und schauet lächelnd,
Huldvoll nieder auf die Menge.

Da erschallt's von tausend Lippen:
„Heil dem Pfalzgraf, dem Verehrten!
Heil auch seinem treuen Vogte,
Steinach, ihm, dem Edlen, Werthen!"

Und in frohen Feierklängen
Schmettern schallend die Trompeten,
Und die hellen Glockentöne
Stimmen ein in die Drommeten.

Nun tritt Kunz, der blonde Küfer,
Hin vor Steinach, tief sich neigend
Mit dem edlen Becher, während
Rings die Menge harret schweigend.

„Welches Land auf weiter Erde
Kann wohl schön're Schätze geben
Als des Rheines Berge spenden
In dem gold'nen Saft der Reben?

Frisches Blut bringt er den Kranken
Müden ist er süße Labe,
Neuen Muth aus ihm noch schöpfet
Selbst der Greis an seinem Stabe.

Von den edelsten der Trauben
Haben wir den Most gezogen,
Dessen reiches Maß bekundet,
Daß der Himmel uns gewogen.

Doch der erste Saft der Reben
Der gebührt dem Landesvater;
Drum, o Herr, laßt ihn euch munden,
Seid ihr doch der Pfalz Berather."

Drauf kredenzet er dem Vogte
Den Pokal mit art'gem Neigen;
Steinach hebt sich von dem Sitze —
Ringsum lagert tiefes Schweigen.

„„Was die Erde schönes heget,
Sei, ihr Lieben, euch beschieden,
Euer Wohl ist's, das ich trinke,
Segen sei euch, Glück und Frieden!""

Und mit stillem Wohlbehagen
Hebt den Kelch er an die Lippen,
Reicht ihn dann den edlen Rittern,
Die mit Kennermiene nippen.

Nun die Winzer ringsum schenken
Von dem Most zu frohem Danke;
Alles jubelt, ist entzücket,
Labt sich an dem süßen Tranke.

„Hartwin, edler, treuer Ritter",
Ruft der Vogt und winket Stille,
„Sorge, daß die Festesfreude
Unf're Thäler ganz erfülle!

Du verstehst es ja wie Keiner
Von den eig'nen Berggeländen
Uns die Krone des Genusses
In dem Feuerwein zu spenden.

Auf und laß aus unserm Keller
Holen von den besten Weinen,
Die im Rheingau sind entsprossen,
Koche uns den Trank, den reinen!"

Achtungsvoll verneigt sich Hartwin,
Wendet sich zu den Gefährten,
Die in freudiger Erwartung
Dieses Winkes längst begehrten.

3.

„Frisch, ihr Freunde, in die Reihe!"
Ruft Herrn Hartwin's Stimme laut,
„Zu des Feuerweines Weihe
Schnell den Heerd jetzt aufgebaut!
Laßt uns rüstig sein,
Füget Stein zu Stein,
Daß die edle Himmelsgabe
Uns mit ihrem Feuer labe!"

Fleißig rühren sich die Hände,
Bald schon ist das Werk gethan,
Zu vollbringen auch das Ende
Blicken Sie den Meister an.
„Legt das Holz darauf!
Stellt den Kessel auf!
Füllet ihn bis hoch zum Rande
Von dem besten Wein im Lande!

Fünfzehn Kufen Ingelheimer,
Aßmannshäuser sechzig Maß,
Von dem Moste sieben Eimer
Und Gewürze dieses Glas.
Denn berechnet fein
Muß die Mischung sein;
Eins muß sich an's Andre reihen,
Soll der Feuerwein gedeihen."

Und es strömet manche Kanne
Von dem schönsten Traubenblut
Nieder in die Riesenpfanne,
Brodelt bald in heißer Gluth.
Rings erfüllt die Luft
Schon der würz'ge Duft,
Als Herr Hartwin gibt das Zeichen,
Nun den Becher herzureichen.

Langsam naht mit zagem Schritte
Sich dem Herd der Jungfrau'n Schaar,
Um nach alter, guter Sitte
Ihrer Pflicht zu nehmen wahr.

Und zum ersten Mal
Füllt man den Pokal,
Reicht den Trunk, so feurig, golden
Lore hin, der Wunderholden.

Froh bewegt nimmt sie den Becher,
Ihn Vogt Steinach darzubringen,
Und mit lieblichem Erröthen
Hebt sie an ihr Lied zu singen:

4.

„Wohl blühen bunte Auen
Auch anderwärts im Reich,
Wohl ragen hohe Berge
Den unsern völlig gleich;
Wohl rollen stolze Ströme
In's weite Meer hinein,
Doch nirgend ist's so herrlich,
Als hier am schönen Rhein."

Der Jungfrau'n holder Reigen
Stimmt fröhlich jauchzend ein:
„„Nein, nirgend ist's so herrlich
Als hier am schönen Rhein.""

„Von fern aus weit'sten Landen
Zieht es den Fremdling her,
Und hat er hier verweilet,
Wird ihm das Scheiden schwer.

So würd's auch mir ergehen,
Ich könnt' nicht glücklich sein,
Wenn ich nicht dürfte sehen
Hinab mehr in den Rhein."

Der Jungfrau'n holder Reigen
Stimmt fröhlich jauchzend ein:
„„Ja, nirgend ist's so herrlich,
Als hier am schönen Rhein.""

„Von all' den vielen Stätten,
Die seine Welle grüßt,
Ist Bacharach die Perle,
Die hohen Ruhm's genießt.
Denn was der Rhein nur spendet
An heißem Traubenblut,
Zu Bacharach am Rheine
Liegt es in guter Hut."

Der Jungfrau'n holder Reigen
Fällt ein mit frischem Muth:
„„Ja, Bacharach am Rheine
Hält es in treuer Hut.""

„Wohl blinkt der Aßmannshäuser
In lieblich dunkler Gluth,
Wohl perlt der Rüdesheimer
Im Kelch, gleich gold'ner Fluth,
Der süße Ingelheimer
Holt manchen Lobspruch ein,
Und der Johannisberger
Auch er, er wächst am Rhein."

Der Jungfrau'n holder Reigen
Fällt ein mit frischem Muth:
„„Und Bacharach am Rheine
Hält sie in treuer Hut.""

„Doch aller Reben Krone,
Die edelste erblüht
Dort, wo der Strom vorüber
An Staleck's Thälern zieht;
Denn dort nur wird bereitet
Der echte Feuerwein,
Ihn kann allein man finden
Zu Bacharach am Rhein."

Der Jungfrau'n holder Reigen
Stimmt fröhlich jauchzend ein:
„"Der Feuerwein, der Feuerwein
Ist nur zu Bacharach am Rhein!""

5.

Lautlos stehet rings die Menge,
Mancher wagt zu athmen kaum;
Hingerissen von den Tönen
Fühlt sich Jeder wie im Traum.

Doch als nun das Lied geendet,
Als der süße Klang verhallt,
Da, gleich wilden Meereswogen,
Tausendstimmig Beifall schallt.

Und ein fremder Jüngling dränget
Näher sich zu Lore hin,
Schauet unverwandten Blickes
Auf die holde Sängerin.

Noch tönt in der Seele wieder
Ihm der Laute zarter Klang,
Und vor seinem Ohre hallet
Noch der wundersame Sang.

Doch, wie wird bei ihrem Anblick
Erst das Herz ihm groß und weit!
Schnell er wendet sich zum Nächsten:
"Sagt, wer ist die schöne Maid?"

""Ach, ihr seid gewiß ein Fremder,
Da ihr Lore Vois nicht kennt,
Sie, die jeder junge Winzer
Nur die Blume Bach'rachs nennt.""

"Habet Dank für eure Kunde!"
Freundlich drauf der Jüngling spricht,
"Zwar bin Bach'rach ich kein Fremder,
Doch die Blume kannt' ich nicht."

Und in Träumen ganz versunken
Eilt er aus dem Volksgewühl
Immer weiter, bis umfächelt
Bergesluft ihn rein und kühl.

II. Lore.

1.

Das Leben schweigt, es ruht die Welt,
Mit leisem Sittich senkt die Nacht sich nieder
Auf alle Wesen der Natur,
Und sanfter Schlummer schließt die müden Lider.

Doch schlummert jedes Wesen jetzt,
Auf das der Mond mit hellem Schimmer strahlet?
Durchirrt kein Ton das dunkle All,
In dem der Sternenglanz Reflexe malet?

O nein, nicht überall ist Ruh',
Wo man erstorben schon das Leben wähnet;
Dort, wo erglänzt das matte Licht,
Ein Jüngling einsam noch am Fenster lehnet.

Und sinnend blicket er empor
Zu jenen Tausenden von hellen Sternen,
Die ewig ziehen ihre Bahn
Dort oben in den ungemeff'nen Fernen.

Er blickt empor, doch weilet nicht
Bei dieser schönen Sternennacht sein Denken;
Es leuchtet ihm ein and'rer Stern,
In dessen Anblick er sich möcht' versenken.

Ein Stern, so lieb, so wunderhold,
So licht und rein wie Frühlingssonnenstrahlen,
„Mein muß sie sein," der Jüngling spricht,
„Sollt' ich sie auch mit meinem Leben zahlen!"

Dann legt er nieder sich zur Ruh'.
Doch kaum hat ihn der Schlummer leis umfangen,
So führt der Traumgott die ihm zu,
Nach der er sehnet sich mit Gluthverlangen.

Wie ein Gebild aus ew'gen Höh'n
Schwebt selig lächelnd sie zu ihm hernieder,
Das Aug', das er am Mittag sah,
Dieselbe Lockenfluth schaut er jetzt wieder.

Sie winkt so freundlich, so vertraut,
Daß er emporspringt, um zu ihr zu eilen,
Doch ach! ihn hält ein ehern Band,
Er muß, so nah', doch fern von ihr verweilen.

Sie senkt den Blick so hold, so mild
Und doch, ach! so bestrickend auf ihn nieder;
Und, was sie flüstert, ihm erklingt
So zart, so lind wie Aeolsharfenlieder.

„Was zagst du, Knabe, stolz und schön?
Warum nicht wagest du, dich mir zu nahen?
Sieh', was die Erde bietet nur
An Seligkeit, sollst du von mir empfahen.

Komm', ruhe sanft in meinem Arm,
Da ruhst du wohl und sonder jeden Kummer;
Komm' in der Liebe Paradies,
Wo ich mit Küssen wiege dich in Schlummer."

Und es ergreift den Jüngling jäh;
Doch wie er, fast verzweifelnd, sich auch mühet,
Die schwere Sessel läßt ihn nicht,
Von Neuem sie ihn stets auf's Lager ziehet.

Vergebens ringt er wund die Hand,
Es spottet seiner nur des Eisens Stärke,
Und er erkennt mit bitterm Groll,
Wie klein, wie schwach der Mensch bei jedem Werke.

Ihm ist's, als hört er deutlich rings
Der Finsterniß Dämone höhnisch lachen;
Mit übermenschlich wilder Kraft
Zwingt er die Kette, daß die Ringe krachen.

Frohlockend springt er schnell empor,
Die Seligkeit entrückt ihn schon der Erde;
Doch wie! Darf er dem Auge trau'n?
Sie weicht zurück mit warnender Geberde!

„Du hast zu lang, zu lang gesäumt,"
Hört er die Holde ernst, fast traurig sprechen,
„Wer Liebe sucht, um Liebe ringt,
Der muß die ird'sche Fessel leichter brechen."

„„O fliehe nicht! O hör' mich an,
Die ich dich mir vor allen auserkoren!""
„Zu spät!" haucht nur ihr bleicher Mund —
„Du hast durch Zögern ewig mich verloren!"

Und sieh', ein lichtes Nebelbild,
Aetherisch zart sich lösen ihre Glieder;
Ein Schimmer noch, dann ist's dahin,
Und finst're Nacht umgibt den Schläfer wieder.

2.

Hell erglänzt die Morgensonne,
Krönet goldig rings die Höhen!
Von den fernen Taunusbergen
Frische Winde niederwehen.

Frische Winde weh'n zu Thale,
Spielen mit den grünen Wellen,
Die im Strome weiter eilen,
Bis am Ufer sie zerschellen;

Spielen in den Berggeländen,
Wo des Winzers Freuden blühen,
Wenn in purpurfarb'nen Blättern
Dunkle Trauben lockend glühen,

Grüßen frohe Winzerinnen,
Die mit Korb und Messer eilen;
Denn zur Zeit der Traubenlese
Gilt nicht Säumen, nicht Verweilen.

Auch Herr Hartwin steht am Thore,
Reibet sich vergnügt die Hände,
Während seine Leute harren,
Daß zum Weinberg er sie sende.

„Reiche Ernte läßt der Himmel,"
Spricht er, „uns dies Jahr gewinnen;
Mögt ihr denn im Steegthal heute
Mit der Lese frisch beginnen!

Nehmt zuerst die ob're Hälfte,
Wo die reifsten Trauben stehen!"
Und mit freundlicher Geberde
Heißt die muntr'e Schaar er gehen.

Lächelnd steht er noch am Pfeiler,
Der zur Seit' des Thorweg's raget,
Als ein Jüngling naht und grüßend
Um den Weg nach Staleck fraget.

„Seid wohl fremd hier?" spricht der Alte,
„Wollt gewiß die Burg besehen.
Nun, es ist ja werth der Mühe
Drum den Berg hinaufzugehen.

Groß und stark wie Staleck findet
Ihr der Schlösser wahrlich keines;
Staleck ist die erste Veste
Aller Vesten längs des Rheines."

„„Irr' ich nicht,"" spricht drauf der Jüngling,
„„Finde ich Vogt Steinach droben;
Denn der Vogt war's doch, der gestern
Wünschte eure Kunst zu proben?""

„Also war't ihr auf dem Feste?
Damit hattet ihr's getroffen.
Sagt, wie hat der Wein gemundet
Und der Most? Gut, will ich hoffen."

„„Beides kann ich nur verneinen;
Denn ich kam zur späten Stunde,
Als die Mostgefäße hatten
Schon vollendet ihre Runde.

Und an Wein war nicht zu denken
In der dichten Menschenmenge;
Nach der Jungfrau'n süßem Liede
Stahl ich mich aus dem Gedränge.

Zwar war's schon bei mir beschlossen,
Heute weiter noch zu wandern,
Doch die Gegend ist so herrlich —
Ich besann mich eines Andern.

Will erst hier noch ein'ge Tage
Fröhlich Berg und Thal durchstreifen,
Um mit schönerem Erinnern
Dann zum Wanderstab zu greifen."

„O, so mögt ihr später schauen
Noch das Schloß dort in den Buchen,
Und ihr könnt mit Lust und Muße
Jetzt bei mir den Most versuchen!"

„„Euer Anerbieten nutz' ich,""
Spricht der Jüngling frohen Blickes,
Folgt dem Alten sonder Sträuben,
Nur bedacht des nahen Glückes.

Ach! wie traulich ist das Stübchen, —
Doch ist Niemand drin zu sehen,
Nur am offnen Fenster drüben
Rosen leis im Winde wehen.

„Lore, Kind," ruft Meister Hartwin
„Einen Krug vom Steeger Moste!
S'ist ein Gast hier, den's gelüstet,
Daß den edlen Trank er koste.

Lore kommt, zu holdem Gruße
Neigt das Haupt sie; still, bescheiden
Bietet sie die vollen Becher
Mit dem süßen Trank den Beiden.

Und mit wohlgefäll'gem Lächeln
Greift Herr Hartwin schon den einen;
Doch der Jüngling hat's nicht eilig,
Träumerisch nimmt er den seinen.

Denn er kann den Blick nicht wenden
Von den lieblich schönen Zügen,
Von den wunderblauen Augen,
Die sein ganzes Herz besiegen.

Endlich faßt er sich gewaltsam,
Hebt den Becher hoch zum Munde —
„„Euer Wohl, o holde Jungfrau!""
Leert ihn dann bis zu dem Grunde.

Lore senkt den Blick erglühend
Auf des Mieders Silberschnüre,
Und in reizender Verwirrung
Naht sie sich der offnen Thüre.

„Bleibe, Kind", sagt Hartwin freundlich,
„Hast nicht nöthig, dich zu eilen;
Unserm edlen Gast zu Ehren
Magst du noch bei uns verweilen!"

Schweigend tritt sie an das Fenster,
Schauet nieder auf die Rosen,
Sie, in lieblicher Verschämtheit
Selbst die schönste aller Rosen.

Still lauscht sie den Worten drüben,
Wie sich Frag' und Gegenfrage
Lebhaft aneinander reihen
Ueber Wirklichkeit und Sage.

Otto hieß der junge Fremde,
War daheim am Neckarstrande,
Ritter an des Pfalzgraf's Hofe;
Jetzt durchstreift er Städt' und Lande.

„„In die Ferne schweift ich,"" sprach er,
„„Wenn ich stand auf Bergeshalde;
Längst schon kannt' ich jeden Eichbaum
In dem weiten Odenwalde.

Sehnte mich nach fremder Erde,
And're Fluren wollt ich' schauen;
Fort zog's mich mit mächt'gem Triebe,
Zog mich zu des Rheinlands Auen.

Und die Hoffnung, die mich führte,
Hat mich wahrlich nicht betrogen;
Neue Lust und neues Leben
Sind in's Herz mir eingezogen.""

Wie durch Zufall schaut er seitwärts
Und sein Auge streift das ihre;
„„Walte Gott, daß das Errung'ne,""
Schließt er, „„nimmer ich verliere!

Doch nun dürft' es an der Zeit sein,
Daß zum Abschied ich mich wende.""
Und mit trautem Blicke reichet
Er Herrn Hartwin beide Hände.

„„Meinen Dank für diese Stunde,
Für die mir erwies'ne Güte;
In dem Strauße der Erinn'rung
Sei mir dies die schönste Blüthe.""

„Glaubt ihr Dank uns noch zu schulden,
Weil es euch bei uns gefallen,
Will ich wohl den Weg euch zeigen,
Wie die Schuld ihr könnt bezahlen.

Kehret täglich zu uns wieder
Noch so lange ihr hier wohnet!
Glaubt mir, Freund, daß so am reichsten
Uns're Güte ihr belohnet."

Zögernd Otto schaut hinüber
Zu dem duft'gen Rosenhage,
Banges Warten in dem Auge,
Auf den Lippen stumme Frage.

Und die lieblichste der Frauen
Holden Blick's sich zu ihm wendet,
Ihres Hauptes freundlich Neigen
Ihm ersehnte Antwort spendet.

3.

Wo am grünen Rheinesstrande
Enger sich die Berge schmiegen,
Und auf leicht bewegten Fluthen
Schiffe sich und Nachen wiegen,

Ruft ein halbverborg'nes Plätzchen
Zu sich all' die armen Müden,
Daß sie in der süßen Ruhe
Wiederfinden ihren Frieden.

An dem Weg nach Oberwesel
In dem stillen Buchenhaine
Stehet einsam die Kapelle,
Wenig Schritte von dem Rheine.

Sankt Goar, der Glaubensbote,
Den im Bilde dort man schauet,
Hat, als einst er hier gewandelt,
Dieses Kirchlein aufgebauet.

Schwere, mühevolle Arbeit
Fand der eifrige Verkünder,
Ehe für die Kirche Christi
Er gewann die ersten Kinder.

Drum der holden Gottesmutter
Hat das Kirchlein er geweihet,
Daß durch ihren Schutz und Segen
Gottes Same froh gedeihet.

Milde lächelnd vom Altare
Blickt die holde Jungfrau nieder
Auf die Beter, die hier suchen
Ihren Seelenfrieden wieder.

Und mit mütterlicher Liebe
Gießt sie Trost in jeden Kummer,
Wiegt vom Sturm durchtobte Herzen
Ein in linden, süßen Schlummer.

Dorthin wendet heut' auch Lore
Zu Maria ihre Schritte,
Bangen, schwerbedrückten Herzens,
Auf den Lippen zage Bitte.

Nahet schüchtern dem Altare,
Knieet nieder an den Stufen,
Um der treuen Gottesmutter
Schutz und Beistand anzurufen.

„Güt'ge Jungfrau," fleht sie innig,
„Herz voll Gnade und Erbarmen,
Schau' in Huld auf mich hernieder
Mit dem Blick, dem liebewarmen,

Auf das ärmste deiner Kinder,
Das in Zweifel und Verwirrung
Zu dir fleht um Licht und Klarheit,
Schütze mich vor Wahn und Irrung!

Keiner Mutter treues Auge
Lenket wachsam meine Schritte,
Und der Mutter Ohr nicht lauschet
Mehr auf ihres Kindes Bitte.

Längst schon weilt sie bei den Sel'gen,
Die sich freu'n im Licht dort oben,
Jauchzet mit den Engelchören,
Folgt der Spur des Lammes droben.

Drum will ich mich dir vertrauen,
Was mich drückt, will ich bekennen,
Und mit kindlich off'nem Herzen
Meine ganze Schwäche nennen:

Siehe, seit der fremde Jüngling
Zu uns kam vor wenig Tagen
Hab' ein wundersames Sehnen
Ich in meiner Brust getragen.

Wenn er kommt, durchströmt mich immer
Süße, nie gekannte Wonne,
Wenn er scheidet, so verdunkelt
Sich für mich die helle Sonne.

Mutter, sag' mir, ist das Liebe,
Was mich füllt mit Lust und Zagen?
Milde Jungfrau, hab' Erbarmen,
Still' des Herzens bange Fragen!"

Und ihr ist's, als hört sie flüstern
Vom Altar: "Kind, geh' in Frieden,
Harre aus und nimm geduldig,
Was der Ew'ge dir beschieden;

Denn, was dir bestimmt, wird werden,
Ob du zagst auch vor dem Loose,
Unabwendbar ist, was birget
Dir die Zeit im dunkeln Schooße."

Froh erhebt sich von den Knieen
Lore nun, ihr Blick ist helle,
Und mit tiefer Ruh' im Herzen
Ueberschreitet sie die Schwelle.

Was die Lüfte heimlich raunen,
Aus der Amsel trautem Liede,
Aus dem leisen Waldesrauschen
Klingt's vernehmlich: Friede! Friede!

4.

An des Berges Abhang eilet
Heimwärts sie auf schmalen Pfaden,
Blickt hinunter in die Fluthen,
Wo die Fischlein froh sich baden.

Plötzlich bebt sie und im Busen
Klopft das Herz in wilden Schlägen,.
Denn dort kommt der Heißgeliebte,
Otto tritt ihr rasch entgegen.

Seid gegrüßt, vielliebe Jungfrau
Und verzeiht, wenn ich es wage,
Hier es euch zu offenbaren,
Was ich tief im Herzen trage.

Wenn ich euch zu sprechen suchte,
Wußtet stets ihr mich zu meiden;
Doch nicht länger darf ich zögern,
Da ich morgen schon muß scheiden."

Purpurröthe auf den Wangen
Horchet sie den lieben Lauten,
Ach, im Innern zieht es mächtig
Sie zu Otto hin, dem trauten.

Doch in lieblicher Verschämtheit
Weicht sie sanft von ihm zurücke;
Da erfaßt er ihre Hände,
Schaut sie an mit festem Blicke.

„Leonore, länger kannst du
Mir gebieten nicht zu schweigen,
Wenn ich bitte, wenn ich flehe,
Leonore, sei mein eigen! —

Warum bebst du? Sprich, o hab' ich
Blinder Thor mich selbst betrogen?
Als mein Herz mir sagt': Sie liebt dich!
Hat es schmählich mich belogen?"

Wortlos steht sie; doch nicht weiter
Suchet sie ihm zu entfliehen,
Und die Hand, die er umschlossen,
Will sich ihm nicht mehr entziehen.

Endlich wagt sie auch das Auge
Schüchtern zu ihm aufzuschlagen,
Von den Lippen flüstert's leise
Wie verhalt'ne Wehmuthsklagen:

„„Ist es Wahrheit, daß bis morgen
Ihr nur wollet noch verweilen?
Sagt, was treibet euch von dannen?
Warum wollt ihr schon enteilen?""

Wie ein flücht'ger Schatten gleitet's
Ueber Otto's heit're Miene,
Als er spricht: „Es ist der Pfalzgraf,
Der mich rufet, dem ich diene.

Zu dem Heidelberger Hofe
Muß ich endlich wiederkehren,
Ob für immer? — Selbst entscheide:
Soll die Trennung ewig währen?

Kannst du grausam wohl zerpflücken
Eine Rose, die dir blühet?
Kannst ein Herz du kalt zertreten,
Das in Liebe für dich glühet?"

Langsam ihr zwei heiße Thränen
Rollen auf die Wangen nieder,
Und mit sel'gem Minnelächeln
Haucht sie: „„Otto, kehre wieder!""

Drauf mit innigem Entzücken
Schließt er sie in seine Arme,
Preßt die jungfräulich Verschämte
An die Brust, die liebewarme.

Hingerissen von dem Zauber,
Der das Herz ihr hat umfangen;
In dem Arme des Geliebten
Ruhet Lore ohne Bangen.

„Leonore, mein für immer,
Du mein Stern für alle Zeiten,
In die Ferne, wenn ich scheide,
Und zurück wirst du mich leiten."

Und in langem, süßem Kusse
Siegeln sie den Bund der Liebe,
Daß in innigster Verbindung
Ewig ihre Treue bliebe.

„„Otto, Liebling meiner Seele!
Wirst du meiner treu gedenken?
Wird dein Herz, das liebewarme,
Nimmermehr von mir sich lenken?""

„Könnt' ich deiner je vergessen?
Ew'ge Treu will ich dir schwören,
Du allein bist meine Liebe,
Ewig will ich dir gehören."

Und er steckt an ihren Finger
Sacht ein Ringlein, zierlich golden. –
Andern Tages nimmt er Abschied
Von der Braut, der lieblich holden.

III. Lore's Sehnsucht.

Ach, Geliebter, warum weilst du
Fern von mir so lange, lange,
Ohne Botschaft mir zu senden,
Weh', wie ist mir todesbange!

Sag', warum bist in die Weite
Du so bald von mir gezogen?
Hätt' ich Flügel, käm' ich heute
Wohl zu dir noch hingeflogen.

Denn seit du von mir gegangen,
Irr' ich einsam und verloren,
Zum Gefährten meiner Tage
Hab' ich mir den Schmerz erkoren.

Eh' mein Auge dich gesehen,
Störte nichts mir meinen Frieden,
Doch nun ist er mit dem Frohsinn
Längst, ach längst von mir geschieden.

Fremd selbst sind mir meine Lieder,
Sind gestorben in dem Sehnen;
Wenn man um mich scherzt und jubelt,
Find' ich nichts als bitt're Thränen.

Nicht im Schlafe wird mir Ruhe,
Denn in Träumen wild und schaurig,
Blickst du, von Gefahr umgeben,
Zu mir nieder, blaß und traurig,

Otto, Otto, ach wo weilst du?
Hat ein Unheil dich getroffen?
Wenn du lebst, o gib mir Kunde,
Laß mich nicht vergebens hoffen!"

Also klagt in stiller Kammer
Lore um den Heißgeliebten;
Keine Lippe gießet Balsam
In das Herz der Tiefbetrübten.

Schied er nicht von ihr auf Wochen?
Doch viel Monde sind verstrichen,
Und ihr Lächeln ist erstorben,
Ihrer Wangen Gluth verblichen!

Hat er Abschied nicht genommen
Bei des Herbstes Blätterrauschen?
Und noch wandelt sie alleine,
Da schon Frühlingsblumen lauschen.

Ob sie betet, ob sie weinet,
Ruhe wird ihr nicht beschieden,
Kehret Otto nicht zurücke,
Der ihr raubte ihren Frieden.

IV. Die Enttäuschung.

1.

Lang genug hast du gewüthet,
Rauher, finst'rer Mordgeselle;
Endlich doch hat Wali's Einzug
Dich vertrieben von der Schwelle.

Blumen schmücken schon die Fluren,
Bächlein werden munter wieder,
Auch im Walde wird's lebendig:
Froh erwachen dort die Lieder.

Auf dem grünen Wiesenteppich
Frische Halme kräftig sprießen;
Was die Welt erfüllt, im Herzen
Hallt es wieder: Lenzesgrüßen!

Freudig tummelt sich die Jugend
Auf den sonnbeglänzten Wegen;
In den Thälern, an den Bergen
Fleißig sich die Hände regen.

Schon in früher Morgenstunde
Wird's lebendig in dem Hafen,
Küferburschen, Schifferjungen
Haben lange ausgeschlafen.

Von den Wassern weht's herüber
Frühlingsfrisch und frühlingslinde,
Auf dem Schiffe weiße Segel
Schwellen lustig in dem Winde.

Sanft sich wiegt das stolze Fahrzeug
Und, den Kiel nach Süd gerichtet,
Harrt es nur des Augenblickes,
Wo der Anker wird gelichtet.

Doch es hat noch gute Weile
Bis es theilt die grünen Wogen,
Noch ist nicht die Landebrücke
Von den Planken weggezogen.

Vorn am Spriet steht Meister Hartwin,
Ueberwachend das Verladen,
Jedes Faß recht sorgsam prüfend,
Zu verhüten schweren Schaden.

„Kunz", ruft er und winkt dem Küfer,
„Treibe diesen Reifen fester!
Besser Vor- als Nachbedenken,
S'ist des Ingelheimer Bester.

Schau' auch nach dem Rüdesheimer,
Ob die Spunde dicht verschlossen;
Ihr da drüben, rührt euch wacker,
Steht nicht träge und verdrossen.

Eilt, auch jene letzten Fässer
Hurtig noch herein zu schaffen;
Denn die Stunden sind gezählet,
Heut' ist keine Zeit zu schlafen.

Ob es gleich euch nicht behaget,
Daß ihr sollt den Rücken biegen,
Eh' es Mittag, muß die Ladung
Drüben auf dem Rheinstein liegen."

„„Grüß euch Gott, gestrenger Meister!""
Kraft von Diebach ruft's, der junge,
Der das Deck gewinnt vom Ufer
Muthig in gewagtem Sprunge.

„Sei willkommen, wack'rer Degen,
Was führt dich schon jetzt zum Hafen?
Sonst hast du um diese Stunde
Doch wohl noch nicht ausgeschlafen."

„„Mag wohl sein,"" erwidert lachend
Kraft, der sich die Hände reibet,
„„Nennt es Neugier meinetwegen,
Was so früh hierher mich treibet.

Wie ihr wißt, war ich seit Wochen
Drüben in dem Frankenlande,
Und erst gestern kehrt ich wieder
Heim zum trauten Rheinesstrande.

Da erhielt ich nun durch Dieter
Von dem nahen Feste Kunde;
Und ich eilte, um zu hören
Näheres aus eurem Munde.

Ist es wahr, daß Pfalzgraf Otto
Auf dem Reichenstein geminnet?
Klug wär's schon, denn Bertha ist ja
Reich und hübsch und mildgesinnet.""

„Ja, so ist's", meint Hartwin nickend,
„Wohl bedacht ist die Geschichte,
Denn, was mehr noch gilt als Reichthum:
Bertha ist des Bischofs Nichte.

Bei Graf Otto's reichem Vater
War das lange schon beschlossen,
Denn er kannte Werth und Einfluß
Eines solchen Bundsgenossen."

„„Ihr habt Recht,"" drauf Barthel Schildberg,
„„Wie wird sich der Pfalzgraf freuen,
Daß die langgestörte Eintracht
Sich nun wieder kann erneuen!

Welcher Feind dürft' es jetzt wagen
Zu bedrohen unser Eigen?
Wo solch' mächt'ge Nachbarn einig,
Muß die Bosheit klüglich schweigen.

Freilich ist der junge Pfalzgraf
Uns noch fremd; man kann nicht wissen,
Wie er's treiben wird, und ob wir
Nicht den Vater schwer vermissen.""

Spricht Herr Schöneck: „Ach, auch Otto
Gab nicht Anlaß uns, zu klagen;
Wer verdankt's dem jungen Blute,
Will's die Einsamkeit nicht tragen?

Einsam ist's doch wohl auf Staleck,
Das so hoch auf Felsen thronet,
Drum der Junker Otto lieber
An dem Neckarstrande wohnet."

Und Herr Ingelheim bedächtig
Mit dem greisen Haupte nicket:
„„Das ist wahr, doch glaub' ich, daß er
Auch auf Staleck wohl sich schicket.

Denn sein Vater hat beschlossen
Dies Gebiet ihm abzugeben,
Und der Junker ist gewillet
Nun mit Bertha hier zu leben.""

„Welches Glück!" ruft Diebach freudig,
„Denn, wo Bertha's Milde weilet,
Wird der Armen und Bedrängten
Noth und Sorge bald geheilet."

„„Eilt euch, Freunde,"" mahnet Hartwin,
„„Kehrt an's Ufer nun zurücke!
Ihr dort, schiebt ein wenig seitwärts
Nach dem Bug die Landebrücke!

So, nun rollt der Fässer größtes,
Jenes da, herbei geschwinde,
Seid bedacht, daß bei der Bergung
Einen guten Platz es finde.

Schlingt die Kränze drum, die Blumen,
Daß sich auch das Auge labe,
Dieses Faß vom eig'nen Wachsthum
Ist ja Bach'rach's Festesgabe.

Jetzt die Anker schnell gelichtet
Und die Flagge aufgezogen!""
Bald vom günst'gen Wind beflügelt
Theilt der Kiel die Rheineswogen.

2.

Was bedeutet wohl die Menge,
Die in fröhlichem Gedränge
Thalwärts zu dem Hafen eilt,
Dort wo Jubelrufe schallen
Und die Lüfte wiederhallen,
Wo die Schaar der Jugend weilt?
Von den Thürmen grüßt der Glocken
Still erhab'ner Feierklang,
Und wie hehres Festgeläute
Tönt der Schall das Thal entlang.

Jeder Platz und jede Straße,
Jede noch so enge Gasse
Prangt im Blüthenfestgewand,
Keiner ist zurückgeblieben,
Jeder fühlt sich angetrieben,
Emsig rührt sich jede Hand.
Was als Wali's holde Gabe
Reich der Lenz gespendet aus,
Ist das alles nicht vereinigt
Dort, vor Hartwin Vois Haus?

Hohe Bogen, laubumwunden,
Schlanke Säulen, eng verbunden
Durch der Kränze bunt Gewirr,
Bilden auf dem freien Orte
Stattlich eine Ehrenpforte,
Reich an frischer Blumenzier,
Reich an sinnigen Emblemen,
Schimmernd in der Farbenpracht,
Die aus grün umschlung'nen Wappen
Blendend uns entgegen lacht.

Wie zum kühnen Sprung erhoben,
Licht von Dagur's Glanz umwoben
Prangt der goldgekrönte Leu;
Jene glüh'nden Rosenwinden,
Die ihn mit dem Stern verbinden,
Deuten die gelobte Treu!
Wie die Rosenkette schließet
Beide Wappen fesselnd ein,
So umschließen Freya's Bande
Staleck nun und Reichenstein.

Weiter in des Bogens Runde
Blinkt auf dunkelrothem Grunde
Hell des Mainzers Silberrad;

Ihm genüber Bach'rach's Zeichen,
Dem das schwarze Kreuz zu eigen,
Seinen Platz gefunden hat.
Von den Säulen wehen prächtig
Stolze Flaggen durch die Luft,
Und aus tausend Blüthenkelchen
Strömt balsamisch süßer Duft.

Schaaren Volkes stehen lange
Hier bereit schon zum Empfange,
Harren ihres Landesherrn.
Endlich, nach geraumer Weile
Nahet, wie mit Windeseile
Dort ein Bote in der Fern',
Schwenkt ein Tuch hoch in die Lüfte,
Jeder weiß schon, was er will;
Wie mit einem Zauberschlage
Wird es in der Menge still.

Horch! erschallet nicht vom Hafen
Jubelruf? Es gilt dem Grafen —
Ist das nicht Trompetenton?
Ha, dort glänzt des Banners Flitter,
Stattlich nähern auch die Ritter
Sich im prächt'gen Zuge schon.

Hinter ihnen folgt der Pfalzgraf
Mit dem Sohne, hoch zu Roß,
Und des Zuges lange Kette
Schließt der Söldner starker Troß.

Mit der Freude warmem Worte
Grüßet Steinach an der Pforte
Nun das edle Ritterpaar;
Und in goldenem Pokale
Aus dem sonn'gen Steegerthale
Reicht den Ehrentrunk er dar.
Freundlich, mit huldvollem Neigen
Grüßt Graf Hermann nah und fern
Tausend Stimmen um ihn jubeln:
„Heil dem Pfalzgraf, unserm Herrn!

Heil auch dem erlauchten Sohne,
Der auf Staleck's Felsenthrone
Bei uns künftig weilen will!"
Freudig glüh'n des Junkers Wangen
Und er schauet unbefangen
Auf das dichte Volksgewühl,
Zügelnd seines Rosses Feuer
Mit der Jugend keckem Muth;
Prächtig steht dem stolzen Jüngling
Sammetwamms und Federhut.

Als der Strom des Jubels rauschet
Steht nur einer still und lauschet,
Hartwin stehet sinnend da.
Prüfend auf des Junkers Zügen
Ruht sein Blick, er kann nicht trügen,
Seine Lippen flüstern: Ja!
Ja, er ist derselbe Jüngling,
Der im Herbst hier eingekehrt;
Ja, es war der Pfalzgraf Otto,
Dem ich Gastfreundschaft gewährt!

Doch nicht länger zum Besinnen
Bleibt ihm Zeit, da schon beginnen
Dort die Ritter sich zu reih'n;
Denn Graf Hermann ladet alle
Edlen Bacharach's zum Mahle
Nach Burg Staleck's Sälen ein.
Droben herrscht noch heller Jubel,
Manches heit're Scherzwort fällt,
Als schon mit dem Riesenmantel
Düst're Nacht umhüllt die Welt.

3.

Als zum fröhlichen Willkommen
Jeder nach dem Hafen eilte
Und Herr Hartwin schritt zur Pforte,
Lore einsam drinnen weilte.

Seltsam war es ihr zu Muthe,
Von der Stirn strich sie die Locken,
Die Beklemmung zu verwinden;
Doch der Pulsschlag schien zu stocken.

Auf der Wange jählings wechseln
Lichte Gluth und tiefe Blässe,
Träumend ist ihr Blick, als ob sie
Ganz die Wirklichkeit vergesse.

„Sagt' er nicht, daß er aus Allen
Mich zum Weibe hat erkoren?
Hat er nicht am Rheinesufer
Ew'ge Treue mir geschworen?

Zwar gedacht' er schon nach Wochen
Wieder zu mir heimzukehren;
Doch wer weiß, ob sein Gebieter
Nicht die Fahrt ihm konnte wehren.

Heute aber, wo Graf Otto
Selber kommt, die Braut zu freien,
Wird auch er sein Wort einlösen! —
Oder sollt es ihn gereuen? —"

Furcht und Hoffnung ihr im Herzen
Um den Vorrang heftig streiten,
„Hat er mein vergessen, — oder
Wird den Grafen er begleiten?"

Horch, die Straßen hallen wieder
Von den frohen Jubelrufen;
Lore springt von ihrem Sitze,
Eilt hinauf die Treppenstufen.

Von dem steinernen Altane
Kann sie Alles überschauen,
Bebend lehnt sie an der Brüstung,
Späht hinab mit leisem Grauen.

Angstvoll mustert sie die Reihen,
Um den Einen dort zu sehen,
Den sie suchet, doch vergebens!
Um ihr Glück ist es geschehen.

Da vernimmt sie unterm Bogen
Klar des Vogtes Festesworte
An die Grafen, und hinunter
Schaut sie nach der Ehrenpforte.

Ha, was ist das? — Welch' ein Zauber
Sucht den Geist ihr zu verblenden?
Ist das nicht der Pfalzgraf Otto,
Dem den zweiten Trunk sie spenden?

Als ob Herz und Seele einzig
Nur in ihrem Auge liege,
Schauet Lore starren Blickes
In des Grafen schöne Züge.

Wie ein Blitzstrahl fährt ihr flammend
Die Erkenntniß durch die Sinne:
Junker Otto war's, der schändlich
Ihr geheuchelt treue Minne.

Ja, er war's, der sie beglückte,
Als er um ihr Herz geworben —
Und nun waren Glaube, Hoffen,
Liebe plötzlich ihr gestorben.

Wie der Aufschrei eines Herzens,
Das in Todesqualen bricht,
Bebt es von den blassen Lippen;
Der Verräther ahnt es nicht.

4.

Wie Todesahnen decket
Die Dämm'rung rings das Land,
Die Erde hüllt sich trauernd
In düst'res Nachtgewand,

Die dunkeln Wolken jagen
Wie Gygien dahin,
Gleich einem Lichtgespenste
Taucht auf der Mond darin.

Vom Rhein klingt dumpfes Brausen
Zum steilen Uferrand,
Unheimlich hallt es wieder
An jener Felsenwand.

Da plötzlich bricht das Mondlicht
Hervor so klar und mild,
Und seine Strahlen grüßen
Ein blasses Frauenbild,

Am Felsen steht's gelehnet
Und blicket in die Fluth,
Lauscht auf das hohle Rauschen
Mit unerschrock'nem Muth.

Die Hand auf's Herz gepresset
Scheint sie für Alles todt,
Doch aus den bleichen Zügen
Spricht bitt're Seelennoth.

Wie fest und unerschüttert
Steht sie im Windgebraus!
Da bebet ihre Lippe,
Sie bricht in Klagen aus:

„Ist das der Preis der Liebe?
Ist das der Treue Lohn?
Er hat mich schnöd verstoßen,
Verschmähet mich mit Hohn.

Hier schwur er mir die Treue
Für alle Ewigkeit,
Und hat mich schon vergessen
Jetzt nach so kurzer Zeit!

Ihm hab' ich mich gegeben
Mit ganzer Seele hin;
Doch er nahm mir das Leben,
Das Glück mit stolzem Sinn.

Ach! könnt' ich mich doch stürzen
Hier in den kühlen Rhein!
Dann wär' mein Schmerz begraben,
Ja, unten möcht' ich sein!

Da schlief ich süß und ruhig,
Erstickt wär' jede Gluth,
Da läg' ich sanft gebettet
In treuer Geister Hut."

Doch sieh! aus dunkeln Wellen
Taucht auf der Nixen Chor,
Und zu der Weltverlaß'nen
Tönt tröstend es empor:

„„Was jammerst du so bitter,
Du wunderholde Maid?
Begehrst du uns're Hilfe,
So sind wir gern bereit.

Zu uns in kühler Tiefe
Drang deiner Klage Ton;
Doch sei getrost, den Falschen
Trifft sein gerechter Lohn.

Nicht Ruhe soll er finden,
Nicht Rast bei Tag und Nacht,
Bis daß das Werk der Rache
An ihm du hast vollbracht.

Durch's Lied, süß zum Verderben,
Sollst du ihn reißen hin;
Durch deiner Schönheit Zauber
Sollst du vernichten ihn!

Er soll vor dir noch knieen,
Erbarmen zu erfleh'n;
Dann wirst du ohne Rührung
Ihn von dir heißen geh'n.""

„Nun denn, wohlan ihr Geister!
Seid ihr mir treu zur Hand,
So mag ich Rache finden.
Nennt mir das Unterpfand!

Ja, was ich bin und habe,
Sei euch, werd' ich gerächt
An ihm, der mich zertreten,
Am Stalecker Geschlecht!"

""Als Preis für uns're Hilfe
Begehren wir nur Eins:
Sei nach vollbrachtem Werke
Die Königin des Rheins!

Ein Leben voll des Glückes,
Voll Pracht und Glanz winkt dir,
Kein Wunsch wird dir versaget;
Dir dienen freudig wir.

Kennst du den hohen Felsen,
Die Ley, so schroff, so jäh,
Die, von dem Strom umspület,
Dort ragt in Goar's Näh'?

Darinnen liegt verborgen
Des Rheines Zauberschloß,
Dort spielen mit den Gnomen
Wir tief im Bergesschooß.

Da sind kristall'ne Säle,
Die nie ein Mensch geschaut,
In ihnen wirst du thronen,
Des Rheines holde Braut.

Doch auch von dieser Erde
Sollst du getrennt nicht sein,
Du wirst sie all' beherrschen,
Die nahen sich dem Rhein.

Den frommen Fischern mägst du
Gewähren reichen Fang,
Sie zu den besten Stellen
Geleiten mit Gesang.

Verräther aber fess'le
Durch deines Liedes Gluth,
Daß sie Vergeltung finden
Hier in der Wasserfluth.""

„Wohlan, so sei's!" ruft Lore
Und streift von ihrer Hand
Den Ring, den einstens Otto
Ihr gab als Liebespfand.

Sie wirft ihn in die Wogen:
„"Fahr' hin zum treuen Rhein,
Ihm will ich mich verbinden,
Will keines Andern sein!"

Die Wasser rauschen mächtig,
Am Fels die Brandung bricht;
Der Mond verhüllet wieder
Sein mildes Silberlicht.

V. Die Hochzeit.

1.

Wo zu wunderlichen Formen
Höher sich die Berge thürmen,
Und im eingezwängten Bette
Tosender die Fluthen stürmen,
Wo von naher Bergwand nieder
Reichenstein und Rheinstein schauen,
Ließ ein frommes Edelfräulein
Einst die Clemenskirche bauen.

In dem nahen Sauerthale –
So berichtet uns die Sage –
Fand einst Ritter Kurt von Rheinstein
Sie allein im stillen Hage.

Von der Burg herabgestiegen
War sie, Blumen hier zu pflücken,
Und des Ritters Augen ruhten
Lang auf ihr mit trunk'nen Blicken.

Plötzlich mit Triumpheslachen
Schließet er die Ahnungslose
An die Brust und trägt gewaltsam
Fort die schöne, bleiche Rose.
Denn schon lange Monden hatte
Er zur Braut sie sich erkiesen;
Doch der glühende Bewerber
Wurde von ihr abgewiesen.

Glücklich brachte die Geraubte
Er zum nahen Rheinesstrande
Auf sein Schiff, das mit der Beute
Schnell entfernte sich vom Lande.
Doch der Strom, der kaum noch glänzte
Wie ein glatter Silberspiegel,
Brauste dumpf, und immer höher
Schwollen seine Wellenhügel.

Düst're Wolken stiegen drohend
Auf am blauen Himmelsbogen;

Grelle Blitze zuckten nieder
Auf die wildbewegten Wogen.
In unheimlich tollem Ringen
Um das Schiff die Wasser brausten,
Als ob in der finstern Tiefe
Jormungandur's Schrecken hausten.

Rathlos, nahe der Verzweiflung
Rings die Schiffer jammernd standen,
Nirgend war ein sich'rer Hafen,
Nirgend, wo sie Rettung fanden;
Doch die Jungfrau kniete nieder
Und in kräftigem Gebete
Sie des heil'gen Bischofs Clemens
Schutz und Beistand sich erflehte.

„Rette mich", so bat sie dringend
„Und ich will dir ewig danken;
Rette mich von diesem Schiffe,
Hör', schon krachen seine Planken!
Aus den Händen des Entführers
Die befrei', die voll Vertrauen
Zu dir fleht und dankbar will ich
Dort dir eine Kirche bauen!"

Und, o Wunder! auf den Wogen
Nahte Clemens sich dem Schiffe
In dem Augenblicke, als es
Berstend brach am Felsenriffe.
Lächelnd reichte er der Jungfrau
Seine Rechte, und die Wellen
Sich gefügig ihren Schritten
Nun zum sichern Pfade stellen.

Und sie eilten sonder Wanken,
Bis der Fuß das Land gefunden;
Dank entströmt' der Jungfrau Lippen,
Doch der Heil'ge war verschwunden.
Aus der Fluthen nassem Grabe
War nur Rettung ihr gelungen;
Denn das Schiff mit seinen Mannen
War vom Abgrund längst verschlungen.

Bald erhob sich schon am Ufer
Unter dichten Wallnußbäumen
Eine Kirche, denn die Jungfrau
Wollte mit dem Dank nicht säumen.

Und sie ließ das Kirchlein nennen
Nach Sankt Clemens, ihrem Retter,
Dessen mächt'gen Schutz erflehten
Oftmals hier noch fromme Beter.

2.

Durch die bunten Bogenfenster
Dringt nur matt des Tages Schein,
Traulich hüllet leise Dämm'rung
Den Altar, die Hallen ein.

Heute aber strahlt das Kirchlein
Schimmernd hell im Kerzenglanz;
Um die gold'nen Leuchter schlinget
Sich ein zarter, grüner Kranz.

Jeden Pfeiler in der Halle
Schmückt ein reicher Blüthenflor,
Weiche Teppiche bedecken
Bunt die Fluren bis an's Thor.

Weit geöffnet sind die Flügel,
Als sich naht der Hochzeitsreih'n,
Der mit feierlichem Pompe
Ziehet in die Kirche ein.

Mit den prächtigen Gewändern
Seiner Würde angethan,
Schreitet zu dem Hochaltare
Luitbold von Mainz voran.

In dem Chore sich versammelt
Bald der Aebt' und Pröpste Schaar;
An die Stufen des Altares
Tritt das edle, schöne Paar.

Junker Otto, stattlich blendend
In der stolzen Rittertracht;
Doch, — ist rein und wahr die Freude,
Die aus seinen Zügen lacht? —

Lieb und hold erscheinet Bertha,
Die geführt Graf Hermann's Hand;
Zart wie Mailuft weht ihr Schleier
Um das weiße Festgewand.

Hinter ihnen stolze Grafen,
Edelfrauen zahlreich steh'n,
Und den reichen Kranz vollenden
Ritter von den Nachbarhöh'n.

Erstlich Ruprecht, Graf von Lurburg,
Mit dem frommen Biedersinn,
Der das Kloster Schönau stiftet',
Wo jetzt lebt die Seherin.

Neben ihm ein kühner Degen,
Dessen tapf're Heldenhand
Ruhm erwarb in Palästina,
Ritter Werner von Boland.

Auch den Nächsten ziert nicht minder
Freier, ritterlicher Muth;
Denn der edle Luxemburger
Ist aus königlichem Blut.

Von den Nachbarburgen kamen
Ehrenfels, sowie Soneck,
Auch der stille Gutenfelser
Und der Herr von Fürsteneck.

In dem Kreis der Edelfrauen
Ist die lieblichste Mechtild,
Weit um Homburg man sie rühmet,
Die so gütig ist und mild.

Beatrix, die schöne Gräfin
Aus dem Lurenburger Haus,
Schimmert wie die stolze Lilie
In der Frauen Blüthenstrauß.

Irmentraud — doch nein, ich schweige
Denn am Altar jetzt erklingt
Feierlich die Festesweise,
Die der Priester Chor dort singt.

Und als nun der Sang verklungen,
Nur noch hallt im Herzen fort,
Da ergreifet Bertha's Oheim,
Bischof Luitbold, das Wort.

3.

„Erlauchte Herrn! Liebwerthe Gäste!
Wir alle sind versammelt hier
Zu einem schönen, frohen Feste,
Von nah' und ferne kamen wir.

Denn Junker Otto, der erwählte
Sich Bertha von dem Reichenstein,
Steht mit ihr nun an heil'ger Stätte,
Daß wir ihr Bündniß segnend weih'n.

Heil euch, geliebtes Brautpaar! Heute
Ich grüße euch mit frohem Mund,
Und möge Gott die Stunde segnen,
Da ich bekräft'ge euren Bund!

Vorüber sind der Kindheit Spiele,
Vorüber ist der Jugend Lust;
Ihr steht am heißersehnten Ziele
Und freudig hebt sich eure Brust.

Was ihr gewünscht, ihr habt's errungen,
Was ihr gehofft, wird euer Theil,
Was ihr erstrebt, ist euch gelungen,
Mög' Gott es lenken nun zum Heil.

Noch liegt das Leben sonnig, golden
Vor euch in seiner Flitterpracht;
Noch lebt im Eden ihr, im holden,
Noch kennt ihr nicht des Schmerzes Nacht.

Geniesset froh die hellen Stunden,
Soviel der Himmel nur gewährt,
Und euer Auge mag's bekunden,
Daß euch des Glückes viel bescheert.

Doch kommen einmal trübe Tage,
Tritt euch der Ernst des Lebens an,
Erbebt das Herz in banger Klage,
Dann lehnt das Weib sich an den Mann.

Dem Epheu gleich, der still vertrauend
Sich windet um der Eiche Schaft,
Darfst, Bertha, auf den Gatten bauend,
Du fürchten nicht des Unglück's Kraft.

Doch sei du ihm auch Stab und Stütze,
Wenn Gram und Sorge ihn bedrückt,
Des Weibes Liebe ist mehr nütze,
Als Alles, was das Glück je schickt.

Die treue Liebe wird verscheuchen
Den Kummer, der euch heimgesucht;
Das Unglück muß von hinnen weichen,
Die Liebe schlägt es in die Flucht.

Der Eine mit dem Andern trage,
Zu einem Ziele wirket hin,
Daß bis zum letzten eurer Tage
Ihr bleibet stets ein Herz, ein Sinn.

Nun", schließt er, „seid den Schwur der Treue
Zu leisten willig ihr bereit?
Bedenkt es wohl, denn keine Reue
Euch je von diesem Band befreit.

Den Bund, den Gott zusammenfügte,
Trennt keine Macht und keine Zeit;
Drum sagt vor Aller Angesichte
Sowie vor Gott: Seid ihr bereit?"

„„Ich bin's!"" spricht Otto unerschüttert
Und blickt auf seine holde Braut;
Das „Ja!" auf ihrer Lippe zittert,
Ihr Auge Freudenthränen thaut.

Der Bischof aber nimmt die Ringe,
Der treuen Liebe Unterpfand,
Und steckt mit frommem Segenswunsche
Sie an des Brautpaar's rechte Hand.

„So haltet fest, was ihr geschworen
Vor Gott an dem Altare heut',
Die ihr in Liebe euch erkoren
Für eure ganze Lebenszeit!"

Nun löst in lautem Festesjubel
Sich auf der feierliche Bann,
Ein Jeder drängt mit frohen Wünschen
Sich zu den Glücklichen heran.

Am Eingang aber harret jauchzend
Des Volkes und der Söldner Schaar:
Wie Sturmesbrausen hallt ihr Grüßen,
Ihr Rufen: „Heil dem edlen Paar!"

Nach Rheinstein's freundlich rothen Mauern.
Nun geht der Zug durch's grüne Feld,
Weil droben Luitbold, der Bischof,
Die Hochzeit seiner Nichte hält.

Denn Bertha's Eltern waren beide
Dahingerafft durch frühen Tod;
Jedoch des Oheims treue Sorge
Hielt fern dem Kinde jede Noth.

4.

Es tritt der Zug nun durch des Thores Bogen,
Und fröhlich führt man das vereinte Paar
Zum Rittersaale hin, ihm folgt die Schaar
Der Festgenossen gleichwie Meereswogen.

Wie reich belebt sind heut' die weiten Hallen,
Wo heller Jubel bald erfüllt die Luft,
Es harrt der Schenk des Amt's; doch Otto ruft:
„Laßt den Gesang der Minne erst erschallen!"

Und aus dem Hintergrund des Saales leise
Der Jungfrau'n Schaar im Feierkleid tritt vor,
Das Haupt bekränzt wie der Walküren Chor,
Beginnen sie die holde Festesweise:

„O Zeit der Liebe, gold'ne Zeit!
Wohl dem, dem sie bescheeret!
Doch auf dem ganzen Erdrund weit
Weh' dem, der sie entbehret!

Die Liebe ist der schönste Strahl,
Den uns der Himmel sendet,
Sie ist's, die dieses Erdenthal
Zum Paradies uns wendet.

So kostbar ist kein Edelstein,
Als treue Lieb im Herzen;
Wer liebet treulich, fromm und rein,
Der kennt nicht Leid, nicht Schmerzen.

Doch weh', wer auf Verrath bedacht,
Nichts weiß von Treu' und Ehren!
Wie Feuersbrunst in tiefer Nacht
Wird Rache ihn verzehren."

Der Chor verstummt und Otto denkt der Treue,
Die Leonore er dereinst gelobt,
In seiner Brust ein wilder Aufruhr tobt,
Schon peinigt ihn die Folterqual der Reue.

Verschwunden ist der Wangen Freudenschimmer,
Ein Schauer ihm die Glieder kalt durchdringt,
Von gold'ner Lehne matt die Hand ihm sinkt,
Als ob das Leben d'raus entfloh'n für immer.

Erschreckt faßt Bertha seine schlaffe Rechte:
„O sprich, mein Herr, was macht dich so verstört?"
Doch Otto schweigt, ihr Wort scheint ungehört;
Rings fragt ihr Blick, ob Niemand Aufschluß brächte.

Als würd' er plötzlich seines Fehlers inne
Gebeut der Graf, daß laut es hallt im Saal:
„Bringt nach uraltem Brauch den Festpokal,
Reicht her den wonnigsüßen Trank der Minne!"

5.

Da öffnet sich der Jungfrau'n Reigen,
Aus ihrer Mitte tritt hervor
Ein Weib, an Schönheit gleich der Sonne,
Wenn sie durchbricht den Wolkenflor.

So sinnberückend, herzbethörend,
Wie's nie ein sterblich Auge sah,
Als rag' ihr Thron in Aether=höhen,
So überirdisch steht sie da.

Gleich einem golddurchwirkten Mantel
Umwallet sie der Locken Fluth,
Der Sterne Glanz muß scheu erblassen
Vor ihres Blickes Flammengluth.

Verstummt ist jeder Laut im Saale,
Die Gäste schauen wie gebannt
Auf sie, die nun dem Brautpaar nahet,
Den Goldpokal in ihrer Hand.

Von wunderbarem Reiz umgeben
Scheint jeder Zug an ihr verklärt,
Anmuthiger hat Rista selber
Einst Odin nicht den Meth gewährt.

Doch kaum hat Otto sie gesehen,
Bemächtigt Schrecken seiner sich;
„Lenore!" ruft er, „ist es möglich,
Verschwor sich Alles wider mich?"

Er achtet nicht des leisen Murmelns,
Das durch die Reih'n der Gäste weht,
„Ein Unstern führt sie her!" er flüstert,
„Und doch — wie schön sie vor mir steht!"

Ihr ernster Blick scheint zu verkünden,
Daß sie ihm nahe zum Gericht;
Was soll er sagen, was beginnen
Zu retten sich? Er weiß es nicht.

Als ob den Sturm sie gar nicht ahne,
Die Angst, in die sie ihn geführt,
Als sei Graf Otto ihr ein Fremder,
Steht Lore kalt und ungerührt.

Dann hebt sie hoch empor den Becher
Und stimmet an den Festgesang,
Der wie mit mächt'gen Zauberbanden
Die Hörer fester stets umschlang:

„Siehst du den Trank der Minne?
Siehst du den gold'nen Strahl?
Feurig dringt er zum Innern,
Stärket wie Göttermahl.
Doch wer die Minne verachtet,
Schnöd' sie mit Füßen zertritt,
Dem ist wie Gift dieser Becher,
Der nur dem Liebenden blüht.
Siehst du ihn glänzen, den goldenen Strahl?
Er dringet zum Herzen zu Lust oder Qual!

—

Siehst du ihn glühen im Brautpokal?
Siehst du ihn glühen den rothen Strahl?
Liebe deutet er dir und Lust oder Qual.
Wenn Liebe dir einmal die Seele bezwang,
So hält sie dich fest wie mit Zaubergesang,
Es lockt dich ihr Bangen, es ruft dich ihr Glück
Mit Thränen der Sehnsucht allmächtig zurück.
Siehst du ihn glühen, den rothen Strahl?
Liebe lodert im Wein und Lust oder Qual!"

Die Sängerin schweiget, verhallt ist das Lied,
Doch drum nicht der Zauber gehoben;
Denn stärker als Ketten und Bande umzieht
Das Netz, das euch Braga gewoben.

Den Treulosen trifft es wie Gottes Gericht,
Auf Wege zum Fliehen er sinnet —
Vergebens! Dem Schicksal entweichest du nicht,
Das heimlich die Skulda dir spinnet.

Wild fährt er empor wohl: „Verwirrt ist mein Sinn,
Mich zieht's in's Gebirge da droben,
Schnell sattelt das Pferd mir, ich eile dorthin,
Wo Stürme und Bergwasser toben,

Dorthin, wo der Eber, die Wildkatze haust,
Zum Hochwalde lasset mich ziehen,
Wo heulend der Wolf durch die Einöde braust,
Dort werd' ich dem Zauber entfliehen!"

Doch Lore, sie lächelt so siegesgewiß,
Als könne er nimmer entrinnen;
Kalt schaut sie auf ihn, der so fühllos zerriß
Ihr Hoffen, Vertrauen und Minnen.

„Laß das vergebliche Streiten,
Wenn dich die Sehnsucht verzehrt;
Willst du in Hast ihr entreiten,
Schwingt sie sich mit dir auf's Pferd.

Treibst du den Nachen vom Strande,
Schwimmt sie dir nach durch den Schwall,
Folgt dir genüber zu Lande,
Bestricket dich allüberall.

Ringe nicht eitel! Im Innern
Wohnt dir der zürnende Gott,
Von dem unsel'gen Erinnern
Befreiet dich nichts als der Tod!"

„„Und sollte der Tod mich auch fassen,""
Ruft Otto in Liebe entflammt,
„„Nun werde ich nimmer dich lassen,
Und würd' ich auf ewig verdammt.

Was gelten mir Anseh'n und Ehren?
Mein Ein und mein Alles bist du!
Nur dir will ich fortan gehören,
Nicht ohne dich find' ich mehr Ruh'!""

Und bittend er stürzet zu Füßen
Der sinneberückenden Maid,
Vergessend der Braut ihm zur Seite,
Die bebet in Weh und in Leid.

Verwund'rung ergreifet die Ritter,
Die staunend die Gruppe umsteh'n
Und selbst, von dem Zauber umfangen,
Verwirrt auf die Liebliche seh'n.

Da, in dem Gefühl des Triumphes
Lenore die Stimme erhebt,
Und heißer in wildem Frohlocken
Der Jubel den Lippen entbebt:

„Schönheit steigt auf die Zinne,
Wirft den entzückenden Strahl,
Flammen, Flammen der Minne
Lodern allmächtig im Saal!

Aber im flackernden Scheine
Mit Salamandernatur
Spielt, sich ergötzend, die Eine
Rächend den frevelnden Schwur!"

„„Halt ein!"" ruft mit bleichem Entsetzen
Der Bischof, „„jetzt bist du am Ziel;
Nicht länger mehr soll dich ergötzen
Dein grausam verwegenes Spiel.

Herbei dort, ihr Diener geschwinde,
Legt sichere Banden ihr an,
Auf daß sie die Strafe gleich finde
Für das, was sie hier hat gethan.""

Und wortlos sich fügt die Bedrohte
In das ihr verhängte Geschick;
Sie wird selbst nicht zittern im Tode,
Das kündet ihr ruhiger Blick.

Doch nicht so der Junker. — Den Knechten
Wirft drohend er sich in den Arm,
Sie weichen zurück; denn zu rechten
Mit diesem sich fürchtet der Schwarm.

„Verblendeter, bist du von Sinnen?"
Ruft donnernd Graf Hermann ihm zu,
Und reißt ihn gewaltsam von hinnen;
Drauf fesselt man Lore im Nu.

6.

Still ist's in der Schloßkapelle,
Und nur Gottes Auge schaut
Nieder auf die Schmerzzerriß'ne,
Auf die todtenbleiche Braut.

An den Stufen hingesunken
Ist sie nur des Jammers Bild;
Aus den trock'nen, heißen Augen
Keine Thräne lindernd quillt.

Kurz nur war der Traum des Glückes,
Ob er golden auch und süß,
Nichts, ach nichts ihr öffnet wieder
Das verlor'ne Paradies.

Selbst die Hoffnung, die den Aermsten
Tröstet noch im bittern Leid,
Ist dahin. Ihr bringt Erlösung
Keine Macht und keine Zeit.

Wem, wie ihr, des Wahnes Binde
Plötzlich von den Augen fiel,
Glaubt nicht wieder an das Leben,
An sein eitles Maskenspiel.

Jetzt, wo noch der duft'ge Schleier
Und der Myrthe Reis sie schmückt,
Hat der Falsche ihr der Treue
Himmelsblüthe schon zerpflückt.

Und sie senkt den Blick zu Boden
Wortlos in dem wilden Schmerz,
Preßt die eisig kalten Hände
Auf das todeswunde Herz.

Doch da legt auf ihren Scheitel
Eine Hand sich tröstend, lind,
Und der Bischof seufzt in Mitleid:
„Armes, hartgeprüftes Kind!"

Und mit fast erlosch'ner Stimme
Haucht sie: „„Ja wohl, hart geprüft!
Ach, was hab' ich denn verbrochen,
Daß solch' herb' Geschick mich trifft?""

„Stille, Kind, und was dich kränket,
Trag' in christlicher Geduld;
Leichter wird es dir zu tragen,
Da du leidest ohne Schuld.

Blicke auf zum Kreuzesstamme!
Siehe, dein Erlöser stirbt,
Daß er für die Schuld der Menschen
Sühne leistet, Gnad' erwirbt.

Sieh' die dornumwund'ne Stirne,
Der gequälten Glieder Schmerz!
Dennoch, Gnade für die Mörder
Fleht sein todeszuckend Herz."

Tieferschüttert blicket Bertha
Zu dem Heiland in die Höh',
Und in Thränen heiß, doch lindernd
Schmilzt der Seele herbes Weh,

Friede strömet aus den Wunden
Her zu ihr und tröstend Licht;
Sanft verrauscht des Jammers Fluthen,
Da die Lippe also spricht:

„„Dir zu Liebe will ich leiden,
Der aus Liebe du uns schufst,
Dir zu Liebe will ich dulden,
Bis du mich von hinnen rufst!""

VI. Hartwin.

Dort, wo des Rheinstein's felsenharte Mauer
Als starker Gürtel engt den Vorhof ein,
Auf einer Bank, versunken tief in Trauer,
Sitzt Lore's Vater, Hartwin, ganz allein.

Wer mißt das Weh, das seine Brust durchfluthet?
Wer wägt die Thräne, die herniederrinnt,
Wo schmerzdurchbohrt ein Vaterherz verblutet
In stiller Wehmuth um sein einzig Kind?

Verstummt ist nun der Klang im Hochzeitssaale,
Verrauscht der kurzen Freude Hochgenuß;
Es flüstern Stimmen nur in dem Portale,
Und Ritter nahen sich auf leisem Fuß.

„Dort sitzt er!" raunet Einer sacht und schreitet
Vorauf den Andern zu der Steinbank hin:
„Freund Hartwin!" Doch des Alten Auge gleitet
Mit thränenschwerem Jammerblick auf ihn.

„„Verzeiht,"" spricht Barthel Schildberg, „„wenn wir stören,
Doch litt es uns nicht länger in dem Schloß,
Wir kommen, Näheres von euch zu hören,
Legt euren Kummer in der Freundschaft Schooß!

Denn nicht von heute erst den Junker kennet
Lenore; nein, sie kennt ihn länger schon;
Doch wie, da nie von euch sie war getrennet,
Wie kam zu ihr des Grafen Hermann Sohn?""

„Wie's kam? o ja, das kann ich euch erzählen,
Ward es mir doch in dieser Stunde klar,
Ich brauche nichts den Freunden zu verhehlen,
Da ohne Schuld ich an dem Unglück war.

Im letzten Herbst beim frohen Winzerfeste,
Wo uns des Segens ward so viel bescheert,
Hab' manchem ich der weitgereisten Gäste
In meinem Hause Gastfreundschaft gewährt.

Auch Junker Otto war bei mir erschienen,
Der meine Güte grausam hat belohnt;
Nicht ahnt' ich, daß solch' unschuldvollen Mienen
So früh Verrath und Arglist innewohnt!

Mit falschem Namen hat er uns belogen —
Wie konnt' ich wissen, wer, noch was er sei? —
Mit falschen Schwüren mir mein Kind betrogen,
Bestricket sie mit eitler Tändelei.

Doch blieb das stets vor meinem Blick verborgen,
Da er gar wohl zu meistern sich verstand;
Vergessen hatt' ich ihn, bis gestern morgen
In Pfalzgraf Otto ich den Gast erkannt.

Auch Lore hatte sicher ihn gesehen,
Denn als ich später fragte sie darum,
Sah ich das Roth von ihren Wangen gehen
Und seltsam! ihre Lippen blieben stumm.

Seit Monden schon hatt' ich sie stets betrachtet,
Ich sah sie heimlich oft von Thränen bleich,
Was ihre Freude sonst, blieb unbeachtet,
Nicht lockte mehr der Leyer Wunderreich.

Vergebens suchte ich sie zu ergründen,
Wenn träumerisch sie saß im Kämmerlein;
Doch was mein blödes Aug' nicht konnte finden,
Das schlich sich ahnend gestern bei mir ein.

Denn wenn den Junker keine Schuld bedrückte,
So konnt' er frei mir seh'n in's Angesicht;
Doch als er mich am Bogen kaum erblickte,
Wandt' er sich ab, als kenne er mich nicht.

Und heute! Habt ihr es nicht selbst gesehen,
Wie er erschrak schon bei der Jungfrau'n Lied?
Wie auf der Stirne brannte sein Vergehen,
Daß selbst den holden Blick der Braut er mied?

Nun gar, als Lore ihm den Becher reichte,
Wie bebte da des stolzen Jünglings Brust!
Der hochgebor'ne Herr und Graf erbleichte
Vor ihr' wie ein Verbrecher, schuldbewußt.

Doch nicht in ihm will man den Schuld'gen finden,
Man klagt des Zaubers meine Lore an;
Dies Kind soll büßen für des Frevlers Sünden,
Ein schwaches Weib zum Tod verurtheilt man!"

„„Sei nicht verzagt, Freund Hartwin, denn noch stehen,"
Spricht Peter Hahnen, „„freudig wir zu dir,
Wohl mag der Schein jetzt wider Lore gehen,
Doch bald schon wird er schwinden, hoffen wir.""

„Ich hoffe nichts mehr!" Hartwin trostlos klaget,
„Wo die Entscheidung mir so nahe liegt.
Wer ist's, der nach der Jungfrau Schicksal fraget,
Ob man gerecht, ob nicht den Stab ihr bricht?"

„„Wir steh'n zu euch!"" tönts wie aus Aller Munde,
„„Und stimmt nicht Lore selbst die Richter weich,
So einen wir uns Alle treu zum Bunde
Und treten ein für sie, wir schwören's euch!""

Und eh' noch Hartwin seinen Freunden danket,
Zieht still vom Schloß ein Trauerzug bergab
Zum Thal, Lenore in der Mitte wanket. —
Der Vater mit den Rittern folgt hinab.

VII. Das Gericht.

1.

Es neigt der Tag sich seinem Ende,
 Die Wolken glüh'n im Sonnengold,
Und wie aus Nebelduft gewoben
Der Dämm'rung Vorhang niederrollt.

In düstern Schatten hüllt der Bäume
Gezweig die Clemenskirche ein;
Doch düst'rer noch sich zeigt das Inn're,
Nur matt erhellt vom Kerzenschein.

Kein Kranz verräth hier mehr die Feier,
Die wenig Stunden erst zuvor
Mit Festgenossen füllt' die Hallen,
Und festgeschlossen ist das Thor.

Die Lichter, die am Altar flackern,
Verbreiten mattes Zwielicht nur;
Und in der unheimlichen Stille
Zeigt sich von Leben keine Spur.

Mit schwarzem Tuche dicht verhangen
Sind rings die Wände und das Chor;
Am Altar stehen sieben Sessel,
Ein schwarzgedeckter Tisch davor.

Doch horch! es nah'n dem Kirchlein Schritte,
Das sagt das Knirschen des Gesteins;
Das Thor springt auf; mit finst'rer Miene
Tritt ein der Erzbischof von Mainz.

Er schreitet langsam bis zum Chore,
Gefolgt von einer ernsten Schaar,
Und auf dem mittelsten der Sitze
Läßt er sich nieder am Altar.

Zu seiner Rechten Bischof Udo,
Zur Linken Friederich von Köln,
Sie sind vereinet jetzt erschienen.
Um ernstes Urtheil hier zu fäll'n.

Mit ihnen das Gericht zu halten
Kam Egibert, Abt von Schönau,
Drauf Valdemar, Abt von Sankt Alban,
Der Letzte fromm, doch jener schlau.

Herr Hartmann, Propst des Mainzer Domes,
Nimmt schweigend ein den sechsten Platz,
Und an den letzten tritt Propst Gerlach,
Er schließt den Ring des hohen Rath's.

Im Büßerkleide steht vor ihnen
Lenore, tief gesenkt den Blick;
Denn, sind die Richter nicht versammelt,
Um zu besiegeln ihr Geschick?

Die zarten Hände sind gefesselt,
O Grausamkeit! durch ehern Band;
Von rohen Schergen wird bewachet
Die schönste Jungfrau weit im Land.

An einen Pfeiler angelehnet
Steht Pfalzgraf Hermann, tiefgebeugt,
Die Brust von Angst und Gram durchwühlet,
Sein Auge nicht vom Sohne weicht.

Doch dieser harrt in düsterm Sinnen
Am Thore drunten des Gericht's;
Was er jetzt fühlt und was er denket,
Davon verräth' sein Aeuß'res nichts.

Der weite unt're Raum der Kirche
Ist von der Menge dicht gefüllt,
In der manch' zürnend Murmeln raunet
Und manche Thräne heimlich quillt.

2.

„Fromme Herrn!" beginnt der Bischof,
„Nach der heilgen Kirche Willen
Sind vollzählig wir versammelt;
So die Vorschrift wir erfüllen.

Hochgeheiligt ist die Stätte,
Wo wir, treu dem Brauch der Alten,
Finden uns, Gericht zu hegen,
Der Gerechtigkeit zu walten.

Möge Gott uns Weisheit geben,
Daß wir klüglich überlegen,
Und vor unserm Endesurtheil'
Für und Wider wohl erwägen.

Unf'res Amtes ist's, zu schützen,
Wenn die Unschuld wird verklaget;
Unf're Pflicht ist's, schwer zu strafen,
Wo man kühn zu freveln waget.

Wehe dem, der gottvergessen
Mit dem Satan steht im Bunde
Mag er noch so sehr sich sträuben,
Einmal naht die Sühnungsstunde.

Mancher treibt wohl unbehellet
Seine schwarzen Wolakünste
Jahrelang, und unverdrossen
Steht ihm Lucifer zu Dienste.

Weise noch der Thor sich wähnet,
Bis ihm schlägt die Todesstunde,
Wo auf ewig die verkaufte
Seele fährt zum Feuerschlunde.

Dann wohl fleht sie um Erbarmen
Mit verzweifelter Geberde,
Gerne würde sie ertragen
Alle Qualen dieser Erde.

Doch zu spät ist's, umzukehren,
Denn kein Weg führt mehr zurücke;
Rettungslos sind sie verloren,
Die gebaut auf Teufelstücke.

Glücklich Jene, deren Trugspiel
Zeitlich schon den Richter findet,
Der, ob strenge auch und strafend,
Sie der finstern Schuld entbindet.

Solche schwere Schuld zu richten,
Hab' ich euch hierher berufen;
Prüft gewissenhaft, ihr Brüder,
An des heil'gen Altar's Stufen.

Diese Jungfrau ist beschuldet,
Daß den Wein sie hab' vergiftet
Und mit Satan's schwarzen Künsten
Großes Unheil angestiftet.

Treu dem alten Brauche hab' ich
Nun Propst Gerlach aufgegeben,
Daß nach bestem Wiss' und Willen
Er die Klage mög' erheben."

3.

Ernst erhebt sich Gerlach, sendet
Einen strengen Blick nach Lore,
Einen zweiten nach dem Junker,
Der noch immer lehnt am Thore.

„Schwierig ist es für den Kläger,
Seines Amtes recht zu walten;
Traurig ist es, seines Opfers
Missethaten zu entfalten.

Doppelt traurig, wenn der Bosheit
Eine Jungfrau wird bezichtet,
Wenn von solchem jungen Leben
Lug und Arglist wird berichtet.

Doch hinweg, du thöricht' Mitleid,
Daß es nicht mein Urtheil trübe!
Die Gerechtigkeit muß richten
Ohne Haß und ohne Liebe.

Heilig soll die Pflicht uns bleiben,
Es den Frevlern zu verwehren,
Daß mit Teufelslist und Ränken
Sie des Nächsten Glück zerstören.

Keine Rücksicht wird bestimmen
Drum, was furchtlos hier ich sage;
Recht und billig sollt ihr finden,
Ob auch groß und schwer die Klage.

Von des Satans bösen Schlingen
Ward Lenore Vois umfangen,
Und der Feind in ihrem Herzen
Schürte sündiges Verlangen.

Zu dem edlen Pfalzgraf Otto
Wagte sie den Blick zu heben;
Ihn zu fesseln, reicht' sie heute
Zauber ihm im Trank der Reben.

Sie verstand es sonder Mühe,
Seinen reinen Sinn zu wandeln,
Daß er ohne Scheu vermochte
Wider Ehr' und Pflicht zu handeln.

Sakrament und Männertreue
Mußte schmählich er verletzen,
Teufelslist ihn konnte zwingen,
Hohn zu sprechen den Gesetzen.

Von der eben ihm Vermählten
Reißt ihn finst'rer Mächte Walten,
Daß der Gattin Schönheit, Liebe
Nicht vermag ihn festzuhalten.

Daß er sich begibt der Würde,
Hat die Arglist ihn berücket,
Mit des Truges Finsternissen
Ihm den klaren Geist umstricket.

Könnte Liebe wohl und Treue
Auf der Erde noch bestehen,
Wenn wir ungeahndet ließen
Solch' ein freventlich Vergehen?

Nicht zu leugnen ist die Sünde,
Denn ihr Alle habt's gesehen;
Frei vor unsern Augen mußte
Das Entsetzliche geschehen.

Ward der Graf nicht von dem Liede
Bis zum Wahnsinn hingerissen?
Warf er nach dem ersten Trunke
Sich nicht nieder ihr zu Füßen?

Und hat nicht die Thörin selber
Ueber sich den Stab gebrochen?
Wahrlich, ihr Verdammungsurtheil
Hat der eig'ne Mund gesprochen.

Denn ganz offen sie bekannte,
Daß den Zaubertrank sie reiche,
Daß die Kraft, die er enthalte,
Nimmer von der Seele weiche.

Braucht es da noch Ueberlegung,
Wo die Schuld so voll erwiesen?
Ist's nicht klar, daß zum Gehülfen
Sie den Geist der Nacht erkiesen?

Drum mit des Gesetzes Strenge
Soll der Richter hier verfahren;
Achtet nicht bei der Verruchten,
Ob sie schön und jung an Jahren.

Denn hier birgt die schöne Hülle
Nur ein Inn'res voll von Ränken,
Ehr' und Recht hieß es verrathen,
Wollte ihr man Gnade schenken.

Um ein Beispiel aufzustellen,
Muß sie, wie verdient, auch leiden,
Und die Weise der Bestrafung
Muß hier das Gesetz entscheiden.

Dieses sagt: Wer sich verbindet
Mit der Hölle Finsternissen
Und dem Nächsten Unheil stiftet,
Soll es mit dem Leben büßen.

Wer Verrath und Arglist plante,
Meinthat übt' in Teufels Namen,
Hat zu sühnen sein Verbrechen
In des Scheiterhaufens Flammen.

Drum, ihr Herrn, hört meinen Antrag:
Streng ist es, doch recht und billig,
Wenn ich sie zum Tod verdamme;
Nur ein alt' Gesetz erfüll' ich."

4.

Todesstille lagert drückend
Ringsum auf den Hörern allen;
Nicht ein Hauch ist zu vernehmen,
Als der harte Spruch gefallen.

Selbst die Richter sitzen schweigend,
Da sie Gerlach Beifall nicken;
Keine Milde, herbe Strenge
Spricht aus ihren düstern Blicken.

Und Lenore? Ach, erstarret
Sind die engelgleichen Züge,
Tief sie senkt das Haupt, als ob ihr
Eine Faust den Nacken biege.

Doch da tönt Luitbold's Stimme
Grollend, hart zu ihr herüber;
Furchtsam lauscht sie seinen Worten,
Zitternd, wie in heißem Fieber.

„Hast du, Dirne, wohl vernommen,"
Ruft er, „weß man dich beschuldet?
Bei der Größe des Vergehens
Keine Nachsicht wird geduldet.

Doch was Recht und Brauch im Lande,
Wird auch dir von uns gewähret,
Kein Verbrecher, nicht der schlimmste,
Wird gerichtet ungehöret.

Kannst du nicht zu voller Klarheit
Deine Unschuld uns beweisen,
Bleibt dir nichts, als nur zu wählen
Zwischen Feuer oder Eisen."

Thränenfeuchten Blickes hebet
Lore hoch empor die Hände,
Tief im Herzen Gott anrufend,
Daß er Schutz und Beistand sende.

Ihre schweren Ketten klirren,
Daß rings manche Thräne rinnet,
Und das Mitleid schon erwachet,
Ehe traurig sie beginnet:

5.

„Nein, edle Herrn, nicht Zaubertrank,
Nicht, was dem Satan ich verdank',
War in dem Brautpokal;
Es war der reine, gold'ne Wein,
Den Ritter mir geschenket ein
Dort droben in dem Saal.

Nicht mit der Höll' steh' ich im Bund,
Nicht geb' dem Teufel ich mein Pfund,
Fern liegt mir List und Trug.
Nicht such' ich sträflichen Gewinn,
Bin keine böse Zauberin,
Und doch trifft mich der Fluch.

Wohl mag im Weine Zauber sein,
Doch der kann nur das Herz erfreu'n,
Er stimmt nur froh den Mann;
Nein, tief in meinem Herzen ruht
Ein Zauber, den nur Feuersgluth,
Der Tod nur tilgen kann.

Da drinnen wogt es immer zu,
Ich finde nie und nimmer Ruh'
In meiner Herzensnoth.
Nach Ruh' mein innig heißes Fleh'n
Umsonst wohl mag zum Himmel geh'n;
Drum grüß' ich froh den Tod."

Sie schweigt, doch rings im weiten Kreis
Wird keine Stimme laut;
Verwundert, staunend, ahnungsvoll
Ein Jeder auf sie schaut.

Da tritt sie näher einen Schritt
Zum schwarzen Tisch heran,
Die finstern Richter blicket sie
Jetzt unerschrocken an.

„So führt mich denn zum Tode hin,
Nach keiner Gnade steht mein Sinn,
Ich leide still und stumm.
Die schwarze Kunst, das ist mein Schmerz,
Mein Zauber ein gebrochen Herz,
Und Einer weiß warum! —

Kennt ihr ein Herz, das Falschheit brach
Es stürzt in Sünde, Fluch und Schmach,
Und willig leid ich drum.
Die Lieb' hab' ich geopfert hin,
Auf immer ich verloren bin,
Und Einer weiß warum!

Wohl oft aus bitt'rer Seelennoth
Erlöst ein Herz der bleiche Tod,
Wenn er sich nahet stumm;
Ach, käm' er auch, mich zu befrei'n,
Er würde mir willkommen sein,
Und Einer weiß warum!

So endet denn dies lange Spiel,
Bedenkt euch, Herrn, nicht gar zu viel,
Ich bitte euch darum!
Verdammt mich nur, ihr macht mich reich,
Mit Thränen will ich danken euch,
Und Einer weiß warum!"

6.

Erschüttert rings die Ritter stehn,
Die Strenge ist dahingeschwunden;
Das Mitleid trägt den Sieg davon,
Wie Aller Augen es bekunden.

Die Richter, die noch kaum bereit
Der Unschuld hart den Stab zu brechen,
Sie sind erweichet insgesammt,
Mild hebt der Bischof an zu sprechen:

„Es war die Arme hier verklagt,
Zu stehn im Bund mit finstern Mächten;
Doch wer ihr Uebles nachgesagt,
Kann länger nicht mehr mit ihr rechten.

Wer will verdammen diese Huld,
Die ihr der Himmel hat verliehen?
Nein, Lore Voix trifft keine Schuld;
Du magst, o Kind, in Frieden ziehen!

Die Fesseln fort! Dies edle Herz
Darf nicht als Sünder vor uns stehen,
Es ist ja nur der herbe Schmerz,
Der sie bedrückt; drum laßt sie gehen!"

Und stürmisch man ihm Beifall zollt,
Der so mit Einsicht weiß zu richten:
Vor Hartwin's Seele auch beginnt
Des Schmerzes Wolke sich zu lichten.

7.

Während Alles dies geschehen,
Ruhten auf dem Chor die Blicke,
Keiner schauet nach dem Thore,
Nach dem Junker mehr zurücke.

Unbeachtet konnt' er grübeln,
Und er that's und immer trüber
Ward sein Sinnen; seine Augen
Glänzten irre, wie im Fieber.

Athemlos lauscht er den Worten,
Die entflieh'n Lenore's Munde;
Wucht'ger könnt' es ihn nicht treffen,
Schlüg Miölner ihn zu Grunde.

Was sie still um ihn gelitten,
Künden's nicht die bleichen Züge?
Hat er nicht vergällt ihr Leben,
Daß sie gern den Tod ertrüge?

Ja, er that's; doch will er sühnen,
Was sein Leichtsinn hat verbrochen,
Kühnlich darf er um sie werben,
Da sie nun ist freigesprochen.

Und voll Freude eilt er zu ihr,
Eh' die Fesseln noch gefallen,
Schließet sie in seine Arme,
Preßt sie an sich, frei vor Allen.

„Mein bist du und sollst du bleiben",
Ruft er, „Niemand soll uns trennen,
Nicht ihr Toben, nicht ihr Bitten
Wird mich von dir reißen können."

Mit Entsetzen schau'n die Richter,
Schaut das Volk auf diese Scene.
Kann man dulden, daß von Neuem
Otto Recht und Ehre höhne?

Luitbold sich zürnend nahet:
„Otto, bist du ganz von Sinnen?
Weißt du nicht, daß grobe Meinthat,
Schwerer Frevel dein Beginnen?

Weißt du nicht, daß heil'ge Bande
Dich an eine And're ketten?
Kannst Gesetz du, guten Namen
Frevelnd so mit Füßen treten?

Gib sie frei! Zum letztenmale
Mahn' ich dich an deine Pflichten,
Muß noch einmal dann ich sprechen,
Ist es nur, um dich zu richten!"

Doch er predigt tauben Ohren,
Denn, gewaltsam fortgerissen,
Lore liegt in Otto's Armen,
Wird bedeckt von seinen Küssen.

Weh', da naht im Brautgewande
Bertha todtenbleich den Beiden,
Fest umschlingt sie Otto's Nacken,
Von Lenore ihn zu scheiden.

Ach! umsonst sind ihre Thränen,
Ihres Gram's beredte Blicke;
Nichts kann seinen Sinn erweichen,
Sühllos stößt er sie zurücke.

„Weg von mir! Aus meinen Augen!
Nicht will fürder ich dich sehen;
Denn, Verhaßte, uns're Wege
Weithin auseinander gehen.

Wisse, daß des Vaters Wille,
Nicht mein eignes Herz dich wählte,
Lore nur ist meine Liebe,
Meines Herzens Treuvermählte."

Wie vom Blitzstrahl hingeschmettert
Stürzet Bertha jäh zusammen,
Daß des Bischof's Unmuth lodert
Zürnend nun in lichten Flammen.

Und Herr Hartwin eilt zu Hilfe
Seinem schwerbedrängten Kinde,
Lore sich vergebens mühet,
Daß sie Otto sich entwinde.

„Gib, Unsel'ger, frei das Mädchen!"
Luitbold befiehlt mit Beben.
„„Nie und nimmer!"" tönt die Antwort,
„„Kost' es mich auch Leib und Leben!""

8.

„Wohlan, du hast es so gewollt. —
Die Saat ist reif und dein die Frucht!
Ich werf' auf dich der Kirche Bann,
Entarteter, du bist verflucht!"

Erschrocken weicht das Volk zurück,
Und Otto steht allein im Kreis;
Betäubt schaut er den Richter an,
Ihn überläuft es kalt und heiß.

Da eilet Pfalzgraf Hermann hin
Zum Chore ungestüm:
„„Beim Himmel bitt' ich euch, o habt
Erbarmen doch mit ihm!""

„Erbarmen?" ruft der Bischof aus,
„Hat er das je gekannt?
Zerriß er Ehre nicht und Glück
Mit unbarmherz'ger Hand?

Hier wäre Mitleid selber Schuld;
Denn wer, wie er, zwei Herzen brach
Und obendrein im Wahn verharrt,
Den trifft mit Recht des Bannes Schmach."

„„Bedenkt,"" so fleht der Graf von Neu'm,
„„Bedenkt, er ist mein einz'ger Sohn,
Der alten Tage Hoffnungsreis,
Denn Alles sonst verlor ich schon!""

„Ist minder werth dies junge Blut?"
Spricht Luitbold mit trübem Sinn,
„Schwand nicht für sie durch seine That
Des Lebens einz'ge Blüthe hin?

Und Jene dort, des Vaters Stolz,
Ein Herz, wie Bertha's, fromm und rein,
Stieß nicht er ihr mit Frevlerhand
Voll Grausamkeit den Dolch hinein?

Wohl fühl' ich mit euch, edler Graf,
Ich weiß, wie sehr Enttäuschung schmerzt;
Doch darf ich drum nicht milde sein,
Wo Strenge noth — so tragt's beherzt!

Nichts kann den Schuldigen befrei'n,
Als Buße nur und wahre Reu';
Bis dies geschieht, ist friedlos er,
Im Kirchenbann. Es bleibt dabei!"

Der Graf erbebt und tritt zurück,
Gesenkt das bleiche Angesicht;
Dann winkt er Abschied seinem Sohn:
„"Leb' wohl! Ich kann dich retten nicht!""

Von Otto's Lippen gellt ein Schrei.
„Ich bin verflucht!" so ruft er aus,
„Verflucht! Verstoßen! Heimathlos!" —
Dann stürzet er zum Thor hinaus.

9.

Auf des Bischof's Wink wird Bertha
Von den Fließen aufgehoben,
„Draußen harrt die Sänfte", spricht er,
„Bringt sie nach dem Schlosse droben!"

Schweigend folgt man seiner Weisung;
Langsam leeret sich die Halle;
Die die Neugier hergetrieben,
Ziehen wieder heimwärts alle.

Nur der Kirche Würdenträger
Sind noch nicht zum Gang bereitet;
Auch Herr Hartwin möge bleiben,
Hat man diesem still bedeutet.

„Hartwin Vois", beginnt der Bischof,
„Weilet noch des Kindes wegen,
Um gemeinsam mit uns Allen
Sein Geschick zu überlegen.

Hier wird sie des Herzens Frieden,
Wahre Ruhe nimmer finden;
Denn wird Alles nicht beständig
Das Vergang'ne ihr verkünden?

Und auch Otto's wegen kann sie
Jetzt in Bacharach nicht bleiben,
Da es zu ihr immer wieder
Den Verweg'nen würde treiben.

Doch wohin? Das ist die Frage —
Wo ist sicher sie geborgen?
Wo kann friedlich sie beginnen
Ihren neuen Lebensmorgen?

Da Abt Egibert sich meldet:
„„Ist's gestattet mir zu reden,
Kann ich einen Ort wohl nennen,
Schön und freundlich wie ein Eden.

Nicht gar fern von meinem Kloster
Liegt ein Frauenstift im Hage,
Schönau, gleich wie das geheißen,
Wo ich lebe meine Tage.

Hingeschmiegt am Bergesabhang
Und umrauscht von Buchenkronen
Ist das Stift, wo froh und glücklich
Gottes reine Bräute wohnen.

Noch hat nie ein Herz vergebens
Dort gebetet um den Frieden;
Was die Welt nicht geben konnte,
Ward ihm reichlich hier beschieden."“

„Weise habt ihr uns berathen“,
Spricht der Bischof, „und, mein Bester,
Irr' ich nicht, ist die Aebtissin
Eure eig'ne fromme Schwester.“

„„Ja, so ist's. Und dort für Lore
Ist, mein' ich, die beste Stelle;
Bei Elisabeth, der Guten,
Findet sie des Trostes Quelle."“

„Seid ihr einverstanden, Hartwin,
Daß zum Kloster wir sie senden?
Dort wird ihrem Herzen Ruhe
Der barmherz'ge Gott wohl spenden..

Nicht im düstern Nonnenkleide
Soll sie weilen in den Mauern,
Nein, in Flur und Thal und Haine
Bald vergessen all' ihr Trauern.

Jugendmuth und Jugendfreude
Werden dort ihr kehren wieder,
Bei des Waldes trautem Rauschen
Neu erwachen ihre Lieder.

Wenn nach Monden dann sie endlich
Kehrt in's Vaterhaus zurücke,
Ist vernarbt die herbe Wunde,
Die ihr schlug des Schicksals Tücke.

Sagt nun, seid ihr es zufrieden,
So soll morgen schon bei Zeiten
Sie dahin, und drei der Ritter
Mögen schützend sie geleiten.

Und inzwischen kann auf Rheinstein
Sie der nöth'gen Ruhe pflegen;
Drum nehmt Abschied jetzt und lasset
Ziehen sie mit eurem Segen."

Schweren Herzens willigt Hartwin
Ein, von Lore sich zu trennen.
Ach, er muß! Doch heiße Thränen
Drob auf seinen Wangen brennen,

„„Gehe Kind! Ich muß dich lassen,
Ist es doch zu deinem Heile;
Aber, Lore, denke meiner,
Nicht zu lange fern verweile!

Denn du weißt, wie trüb und traurig
Nun für mich die Tage gehen;
Nur die Hoffnung hilft mir tragen,
Daß wir bald uns wiedersehen.““

Bleicher wird der Jungfrau Antlitz,
Seltsam zuckt es in den Zügen;
Aber ohne Widerrede,
Ruhig scheint sie sich zu fügen.

Plötzlich schlingt sie ihre Arme
Um den Vater, tief erreget,
Thränen ihren Blick verschleiern,
Kündend, was ihr Herz beweget.

Fest sie drückt auf seine Lippen
Ihren Mund in heißem Glühen,
Und auf ihren blassen Wangen
Purpurrothe Rosen blühen.

„Lebe wohl, geliebter Vater!
Wollest ferner mir nicht zürnen, —
Daß wir froh uns wiedersehen,
Wenn nicht hier — ob den Gestirnen."

Und sie hat aus seinen Armen
Sanft, doch schnell sich losgerungen
Hartwin, ach, du hattest Lore
Wohl zum letzten Mal umschlungen!

VIII. Bertha.

1.

Freya steigt in sanfter Schöne
Auf am hehren Himmelsbogen,
Doch dem stillen Silberlichte
Kommt ein Schatten nachgezogen.

Lautlos eilen Beide weiter
Ueber Ströme, Wälder, Auen
Weiter, bis die bleichen Strahlen
In ein holdes Antlitz schauen.

Auf dem Lager weich gebettet,
Von den Lieben treu umgeben,
Ruht in heißem Fieberglühen
Dort ein früh gebroch'nes Leben.

Langsam hebt sich jetzt die Wimper,
Und die Kranke blickt durch's Fenster
Auf zum lichten Mondesschimmer,
Der verjagt die Nachtgespenster.

Plötzlich, wie durch Zauberwalten,
Ist das helle Licht verschwunden,
Und der grabesdüst're Schatten
Hat den Weg zu ihr gefunden.

Zitternd schließet sie die Augen,
Die den Todesengel trafen
Nur noch wenige Minuten
Und sie wird auf ewig schlafen.

Schmeichelnd legt auf ihren Scheitel
Schon der Engel seine Hände,
Rührt sie an mit kühlem Fittig,
Ihr verkündend nahes Ende.

Und sie hebt zum letzten Male
Noch den Blick zu ihren Lieben,
Was die gläub'ge Seele hoffet,
Steht in diesem Blick geschrieben.

Dann empfängt mit sel'gem Lächeln
Sie den Kuß des finstern Boten,
Und des Mondes Strahlen spielen
Auf dem Antlitz einer Todten.

2.

Berührt vom Hauch des milden Zephyr's raunen
Geheimnißvoll die Bäume tief im Wald,
Auf ihren Zweigen tummeln sich die Saunen
Und freuen sich im sichern Aufenthalt.

Entschlummert ist das Echo in den Klüften,
Verstummt des Tages laute, bunte Welt,
Hoch über ihr und ihren Lenzesdüften
Der Himmel wölbet sein gestirntes Zelt.

Bei Wali's zauberischen Frühlingsfesten,
Da duldet's selbst die Göttin droben nicht,
Und aus des Asgard schimmernden Palästen
Der Asen Strom durch Wanheim Bahn sich bricht.

Dort, wo auf steiler Höh' die Aare horsten,
Erglänzt es hell, wie zarter Frührothschein.
Das sind des Silberebers lichte Borsten,
Er trägt die Herrin in den stillen Hain.

Aus Söttovangur's weiten, stolzen Hallen
Zieht es Niordur's holde Tochter her;
Der Brifing blitzt wie Sterne, die entfallen
Dem Muspelheimer Licht- und Feuermeer.

Wo Freya durch des Aether's Räume gleitet,
Da schmilzt des Haders und der Zwietracht Erz,
Der Liebe Wonnetrank, den sie bereitet,
Sie gießt ihn ein in jedes junge Herz.

Und wo in Traurigkeit ein blühend Leben,
Da naht versöhnend ihre milde Hand,
Da stillet sie des Busens banges Beben
Und führt zusammen, was sich einst verkannt.

Auch heut' vernehmen lauschend ihre Ohren
Da drunten in der Tiefe Klageton.
„Wer irrt so einsam jetzt und schmerzverloren,
Wo längst der Schlummer deckt die Erde schon?"

So fragt die Göttin mitleidsvoll und blicket
Sich im Gefolge, Aufschluß heischend, um;
Doch keine zur Erklärung an sich schicket,
Siofna nur erröthet, doch bleibt stumm.

Unmuthig Sreya spricht: „Was soll dies Schweigen,
Da Eine doch aus euch es wissen muß?
Gilt's, einem Armen Hilfe zu erzeigen,
Entbietet eilends ihm der Herrin Gruß.

Sagt an, ward ihm von unsern reichen Spenden,
Von unserm Ueberfluß noch nichts bescheert?
So bringt's ihm jetzt mit desto voller'n Händen,
Versagt ihm nichts, was bittend er begehrt!"

„„Vergeude nicht dein Mitleid,"" flüstert traurig
Der Gütigen die ernste Wara zu,
„„Er, der dort irrt in Schluchten öd' und schaurig,
Verdienet nicht, daß du ihm sendest Ruh'!

Denn mit der Liebe wonnig süßen Gaben
Hat ihn Siofna überreich beglückt;
Doch statt an ihrem Dufte sich zu laben,
Hat er die Blume freventlich zerstückt.

Zwei Frauenherzen hat er kalt zertreten,
Die ihm in treuen Minnen zugewandt;
Die Eine ist in's Kloster heut' getreten,
Die And're nahm, du sahst 's, des Todes Hand.

Nun jagt er trostlos, nahe dem Verzweifeln,
Verstoßen und geächtet durch die Flur;
Selbst deine Götterhand darf ihm nicht träufeln
Von Trost und Heilung die geringste Spur.

Denn auch die Götter sind den Schicksalsmächten
Genüber ohne Kraft, selbst Odin's Schutz
Kann nicht zerreißen, was die Nornen flechten,
Und nur Alfadur bietet ihnen Trutz.""

Da eine gold'ne Thräne rinnet nieder
Der holden Göttin still vom Angesicht;
Sie haucht: „Laßt uns zum Asgard kehren wieder!" —
Verschwunden ist des Silbereber's Licht.

3.

Die Nebel weichen; und auf Rosenflügeln
Erhebet lächelnd sich der junge Tag;
Tief aus dem Thale grüßet zu den Hügeln
Der muntern Wachtel heller Jubelschlag.

Aus süßem Traum erwachen tausend Schläfer,
Sie schau'n mit klaren Augen in die Welt;
Und fleiß'ge Bienen, Schmetterlinge, Käfer
Durchschwirren leicht und fröhlich Wald und Feld.

In fels'ger Schlucht ein Schläfer auch erwachet,
Noch jung, doch fern liegt ihm der Jugend Lust;
Ob Alles um ihn her sich freut und lachet,
Nicht hallt es wieder in des Jüngling's Brust.

Zwei Tage schon durchstreift er spurverloren
Des Hochwald's Berge, findet nimmer Ruh'.
Des Fluches Dornen sich in's Herz ihm bohren,
Bis ihm der Schlummer schloß die Augen zu.

Ach! schöne Träume aus der Kindheit Tagen
Umgaukelten wie Sterne seinen Geist;
„Was gilt die Welt?" Das möcht' er prahlend fragen. —
Wie arm ist er, als nun der Wahn zerreißt!

In düsterm Sinnen starrt er vor sich nieder,
Von seinen Lippen gellt's: „Ich bin verflucht!"
„„Verflucht!"" hallt ihm das Echo höhnend wieder,
Daß er entsetzt ringsum den Sprecher sucht.

„Wie spielt' ich fröhlich," klagt er, „einst im Hage
Mit unschuldvollem Herzen, leichtem Sinn!
O schöner Jugend engelreine Tage,
Warum nahmt ihr mit euch mich nicht dahin?

Ach, hätt' ich nimmer doch den Rhein gesehen!
Blieb ich daheim im trauten Vaterhaus!
Zu mächtig trieb es mich nach diesen Höhen,
Ich zog vom Neckar frohen Muthes aus.

Hier fand ich — hätt' ich nimmer ihn gefunden! —
Der Liebe wundervollen Lebensborn,
Wie kurz nur waren jene sel'gen Stunden,
Und doch entfachten sie der Götter Zorn.

Der Götter Zorn? Ach nein, die Himmel neiden
Den Sterblichen die kurzen Freuden nicht,
Nur Vorurtheile halber mußt' ich meiden
Lenore, dich, du meiner Augen Licht.

Noch seh' ich dich vor mir in deiner Schöne,
Als du am Strand mir froh entgegen kamst;
Mir war's, als ob ein Diadem dich kröne,
Als du den Ring erröthend von mir nahmst.

Und ew'ge Treue hab' ich dir geschworen.
Was war mein Schwur? Ein bloßes Gaukelspiel.
Doch nein! ich hatte ernstlich dich erkoren,
Nur du allein warst meiner Wünsche Ziel.

Ach! wär' ich nicht in hohem Stand geboren!
Wär' ich des schlichten Bürgers freier Sohn!
Ich hätte nimmer dich, mein Glück, verloren. —
Mein hoher Stand! mir klingt's wie schnöder Hohn.

Der Winzer, der im Schweiß des Angesichtes
Sich um ein karges Dasein rastlos quält,
Ihm wird die Gabe reinsten Himmelslichtes,
Der Liebe süße Tröstung, nicht verhehlt.

Nur wir, die man im Stillen oft beneidet,
Weil man uns reich und darum glücklich wähnt,
Sind ärmer meist als ihr, da man uns scheidet
Von dem, wonach das Herz sich glühend sehnt.

Des Landes Vortheil und der Eltern Wille
Bestimmt allein für uns der Gattin Wahl,
Und wir begraben unsre Wünsche stille
Mit Seufzern und mit Thränen ohne Zahl.

Auch ich, ich hoffte langsam zu verwinden
Den Schmerz, den mir des Vaters Wille schuf;
Um mich mit Bertha würdig zu verbinden,
Erstickte ich des Herzens bangen Ruf.

Allein vergebens sucht' ich zu vergessen
Der Liebe süßen, wunderbaren Traum;
Wer einmal ihre Tiefe hat ermessen,
Ist ohne sie verwaist im Weltenraum.

Wer von der Wunderblume je getrunken
Den zauberhaft gewürzten Wonneduft,
Den dürstet stets nach ihm, bis er gesunken
Hinab zur kalten, liebeleeren Gruft.

Wem je die Liebesfackel hat erhellet
Des Lebens düstern, dornenvollen Pfad,
Dem wird es Nacht, sobald ihr Glanz ihm fehlet,
Kein zweites Lieben sich ihm tröstend naht.

War's Liebe denn, was mich zu Bertha führte?
O nein, es war ein eisern, streng Gebot;
Und ob auch Tugend sie und Schönheit zierte,
Mein Herz blieb kalt, für jede Regung todt.

Auf Achtung nur ward unser Bund gegründet,
Sie muß genügen bei der schweren Wahl;
Doch in der Brust der Funke wird entzündet,
Der, kaum entschlummert, wächst zum Flammenstrahl.

Ich fühl' es wohl, mit tausend süßen Banden
Zieht es mich zu der Heißgeliebten hin.
Doch ach! die einst in stiller Gluth sich fanden,
Wir sind getrennt. Unsel'ger, der ich bin!

Warum nicht floh ich aus den hohen Kreisen,
Wo mir die Welt mein einz'ges Gut verschloß?
Das stolze Staleck mochte drob verwaisen,
Ich fand Ersatz in treuer Liebe Schooß.

Was hab' ich jetzt? Ein früh zerstörtes Leben
Voll Seelenpein und tiefster Herzensnoth.
Ihr, die den Fluch mir zum Geleit gegeben,
Ihr gabt mir grausam tausendfachen Tod."

Er birgt das Haupt laut schluchzend in den Händen
Und sinnt vergebens, ob ihm Hilfe bleibt;
Wohin soll der Verstoßene sich wenden,
Da ihn der Bann fort von den Menschen treibt?

Gefoltert von der Reue Schlangenzähnen
Springt er empor, eilt planlos weiter fort,
Denn seine Schuld, sie ist kein bloßes Wähnen,
Und rastlos treibt sie ihn von Ort zu Ort.

4.

Eine Fahne weht von Rheinstein's Mauer,
Schwarzumflort verkündet sie die Trauer,
So die Schloßbewohner heut' erfüllt.
Keine Lieder beim Bankett ertönen,
Nicht die Humpen auf den Tafeln dröhnen,
Nur des Kummers bitt're Thräne quillt.

Finst're Männer aus dem Thore schreiten,
Auf dem letzten Wege zu geleiten
Ach! ein Herz, das früh schon ausgekämpft;
Gleich als könnte es die Todte hören,
Gleich als würd' es ihre Ruhe stören,
Ist der Schritt nur langsam und gedämpft.

Worte unterbrechen nicht die Stille,
Die umgibt der Hingeschied'nen Hülle,
Nur die Seufzer zittern durch die Luft.
Und hinab nach Trechtlinghausen lenken
Sie den Schritt, die Leiche zu versenken
In der Reichensteiner Ahnengruft.

Allen, die den Namen einst getragen,
Hat die Todesstunde längst geschlagen
Bertha nun, die letzte steigt hinab.
Ob's Erlösung auch, was sie gefunden,
Allzufrüh ihr Leben ist geschwunden,
Allzufrüh sie sank in's stille Grab.

Wohlgeübt in Kriegeskunst und Waffen,
Thatendurstig, kannten kein Erschlaffen
Je die Reichensteiner im Gefecht.
Nun verödet steh'n die stolzen Hallen,
Bis in Moder sie und Schutt zerfallen;
Ausgestorben ist nun ihr Geschlecht.

Doch um Bertha trauert man nicht minder,
Ob auch keine Brüder, Schwestern, Kinder
Jammernd heute ihren Sarg umsteh'n.
Brach ihr Tod nicht manches schöne Hoffen?
Wurden schmerzlich nicht durch ihn getroffen
Alle, die dort an der Bahre geh'n?

Gramumdüstert sind des Bischof's Mienen;
Die Verblich'ne, die man trägt von hinnen,
War der theuren Schwester einzig Kind;

Als des Gatten Tod nahm auch ihr Leben,
Hatte sie dies Kleinod ihm gegeben,
Es zu hüten treu vor Sturm und Wind.

Ach und nun! Er kann es kaum erfassen,
Welch' Geschick ließ grausam sie erblassen
In des Lebens schönster Blüthe schon? —
Doch Graf Hermann traf der Schlag noch schlimmer,
Denn in seinem Herzen hallt es immer:
„Dieser Jungfrau Mörder ist mein Sohn!"

„Otto, Hoffnung meiner alten Tage,
All' mein Hoffen ich zu Grabe trage,
Dein Vergehen sühnet Reue nicht;
Freventlich hast Herzen du gebrochen,
Hast verhöhnt, was heilig du versprochen,
Fürchtend nicht des Himmels Strafgericht."

Bei der Glocken dumpfem Grabgeläute
Trägt man still des Todesengels Beute
In der Kirche dichtgefüllten Raum.
Um zu schau'n das düstere Gepränge
Sammelt sich von nah und fern die Menge,
Daß die Kirche alle fasset kaum.

Manchen auch, herbeigeeilt zur Feier,
Bertha als Beschützerin war theuer,
Und ihr Tod für sie ein herber Schlag;
Viele Augen sieht man schmerzlich weinen,
Als die Priester alle sich vereinen
Zum Gesang am schwarzen Sarkophag.

5.

„Nun betten wir zum ew'gen Schlummer
Dich, holde Blume, wehmuthsvoll;
Entrückt dem Erdenleid, dem Kummer,
Nimm an der Liebe letzten Zoll.

Schlaf' wohl, du frühgebroch'ne Rose,
Die kaum den schönen Lenz erblickt:
Du ruhst im kühlen Erdenschooße,
Vom Lebenssturme rauh geknickt.

Noch schmückte dich der Kranz, der Schleier,
Als sich dir nahte das Geschick;
Der Tag der frohen Hochzeitsfeier
Zerbrach dein kurzes Liebesglück.

Der Stoß, den Jener dir gegeben,
Auf den in Treue du gebaut,
Er endete dein junges Leben,
Er senket in das Grab die Braut.

Erbarmungslos der bleiche Schnitter
Dir hemmte deines Lebens Lauf;
Doch aus der Erde Trug und Flitter
Trägt dich ein Engel sanft hinauf.

Da rein und makellos hienieden
Dein Wandel war, fern jeder Schuld,
Wird dort die Palme dir beschieden,
Dich lohnt des Höchsten Vaterhuld.

So schlumm're süß, du zarte Blume,
Bis wir in Gottes lichten Höh'n,
In seinem ew'gen Heiligthume
Auf immerdar uns wiederseh'n."

6.

Schaurig hallt der Glocken dumpfes Dröhnen
Zu der Berge Felsenhäuptern hin,
Wo ein Flüchtling freudig lauscht den Tönen;
Denn für ihn bedeuten sie Gewinn.

Auf des Hochwald's weiten, irren Pfaden
Wandelt ohne Ziel und Ruhe er,
Mit der Kirche Bann und Fluch beladen
Schweifte in der Wildniß er umher.

Dreimal schon sah er die Sonne schwinden,
Dreimal schon sie kehrte auch zurück;
Doch kein Obdach war ringsum zu finden,
Keine Hütte bot sich seinem Blick.

Keine Nahrung als des Waldes Beeren,
Die kaum halbgereift dort spärlich stehn,
Um des Hungers Qual sich zu erwehren
Muß er wieder zu den Menschen gehn.

Doch wie soll den rechten Weg er finden
Aus der Berge wirrem Labyrinth?
Seiner Hoffnung letzte Sterne schwinden,
Rathlos steht er, hülflos wie ein Kind.

Horch! Da tönet aus dem fernen Thale
Feierlich der Glocken Gruß herauf,
Und frohlockend folget er dem Strahle,
Der zur Tiefe lenket seinen Lauf.

Endlich eines Kirchthurms Spitze winket,
Rastlos eilet er dem Ziele zu,
Bis ermattet er darnieder sinkt,
Nah der Kirche pfleget kurzer Ruh'.

Klingt die Glocke nicht wie Klaggewimmer?
Schallt nicht aus dem Thore Grabgesang?
Wohl im Innern flackert Kerzenschimmer,
Doch kein Fest verkündet jener Klang.

Seltsam dünkt dem Lauscher dieses Läuten,
Einen Landmann er deshalb befragt:
„Sagt mir doch, was hat das zu bedeuten?
Wird ein Todter etwa hier beklagt?"

„„Wie, ihr wißt nicht,"" Jener spricht voll Staunen,
„„Was der ganze Gau entsetzt erzählt?
Was die Steine fast, die Blätter raunen,
Wie war's möglich, daß es euch verhehlt?

Seid ihr denn ein Fremdling hier am Rheine,
Kanntet Jene nicht, der man dort singt?
'S ist die Herrin von dem Reichensteine,
Die zur Ahnengruft man trauernd bringt.

Vor drei Tagen erst ward sie vermählet
Mit des Pfalzgraf Hermann einz'gem Sohn;
Doch der Junker, der sie sich erwählet,
An dem Hochzeitstag verstieß sie schon.

Viel hat man von Zaubertrank gesprochen,
Doch die Richter glaubten nicht daran.
Ueber Otto ward der Stab gebrochen,
Und die Kirche that ihn in den Bann.

Bertha wurde bald des Schmerzes ledig,
Sie verschied am selben Abend schon.
Lieber Gott, sei ihrer Seele gnädig!""
Schließt er traurig und geht still davon.

Starr, als könne er ihn nicht verstehen,
Schauet Otto den Erzähler an;
Wie im Traume sieht er dann ihn gehen,
Weil sein Wort er nimmer fassen kann.

Bertha todt! O Himmel dich erbarme!
War des Unheil's denn noch nicht genug?
Ist erlegen sie dem bittern Harme,
Großer Gott! trifft mich des Mordes Fluch?

„Mörder!" hallt es ihm in Schauertönen
Aus dem feierlichen Grabgesang,
„Mörder!" auch die Glocken gellend dröhnen,
„Mörder!" bebt's ihm von den Lippen bang.

Riesengroß ihm droht des Frevels Kette,
Wirbelt um ihn grauser Schementanz!
In Verzweiflung er enteilt der Stätte,
Wo sein Sündenmaß sich füllte ganz.

IX. Das Kloster.

1.

Fern in einsam stillem Thale,
In des Buchenhaines Schatten
Rieselt eine kleine Quelle
Durch der Wiesen grüne Matten.

Aus den hohen Wipfeln raget
Eines Klosters Bau noch höher;
Rings von Mauern eingeschlossen,
Hält es ferne jeden Späher,

Schützt die Jungfrau'n, die vereinet
Hier in Frömmigkeit Gott dienen,
Stille Ruhe in den Herzen,
Ernste Freude in den Mienen.

Manche trat mit Jugendfeuer
In der Schwestern fromme Reihen,
Hoch begeistert von dem Wunsche,
Gott ihr Leben ganz zu weihen.

Doch auch Manche, deren Hoffen
Frühe ward zu Grab getragen,
Wandte sich zum Kloster Schönau,
Dort zu stillen ihre Klagen.

Vielen wohl, die hier sich fanden,
Ist der schöne Sieg gelungen,
Und sie haben von dem Wahne
Durch Gebet sich losgerungen.

Schon in früher Morgenstunde
Zieh'n sie zu des Kirchleins Hallen,
Tiefstes Schweigen sie umhüllet,
Düst're Schleier sie umwallen.

Und nach altgewöhnter Weise
Schreiten sie zum Chore oben,
Um im jubelnden Laudate
Ihren Gott und Herrn zu loben.

Alle gleich in Kleid und Haltung,
Keine anders als die Andern,
Alle tief gebeugt den Nacken,
Seh' ich sie zum Chore wandern.

Aber nein, am Ende nahen
Zwei, die nicht einander gleichen,
Eine Nonne, doch die zweite
Trägt noch nicht des Klosters Zeichen.

Hocherhob'nen Hauptes Jene
Zu dem ersten Sitze schreitet,
Während streng ihr Blick und prüfend
Ueber all' die Schwestern gleitet.

Die Aebtissin ist's, die fromme,
Die als Seherin bekannte,
Die, soweit man fragen mochte,
Jede Zunge rühmend nannte.

Ihr zur Seite geht die And're,
Demuthsvoll sie kniet nieder;
Dunkles Kleid, gleich all' den Schwestern
Deckt auch ihre schönen Glieder.

Doch noch zählt sie nicht zu ihnen,
Denn es wallt der Locken Fülle
Ungehemmt hinab den Nacken,
Frei noch von des Schleiers Hülle.

Lore ist's, die hergesendet,
Zu erringen hier den Frieden;
Aber, wie sie heiß auch flehet,
Nimmer wird er ihr beschieden.

Die Aebtissin, gottbegnadet,
Selbst vergebens sich bemühet;
Nicht der Ruhe süße Tröstung
Hier in's Herz der Jungfrau ziehet.

Schon so oft hat sie gerungen
Unter Seufzen, unter Thränen,
Und gehoffet zu vergessen. —
Eitles Hoffen! Eitles Wähnen!

Denn sie kann ja nicht vergessen
Ihrer Jugend frohe Tage,
Und das Herz will nicht verschweigen
Seine bange Sehnsuchtsklage.

2.

„Nicht find' ich Trost und Labung,
In Abgeschiedenheit;
Umsonst ich hier verweine
Die schöne Jugendzeit.

Soll ich im Chore singen,
Mein Herz ist nicht dabei;
Vergib mir, du mein Heiland,
Mich zieht's zur hohen Ley.

Hier senkt der Bogen Wölbung
Sich schwer auf mich herab,
Mir ist's, als läg' lebendig
Ich schon im engen Grab.

Ach! wenn sie doch nur klagten
Im Kreuzgang erst um mich!
Wenn doch ihr de profundis
Mir klänge feierlich!

Dann hätt' ich Ruh' gefunden,
Wär' ledig aller Noth;
Ja, Frieden kann mir bringen
Allein der bitt're Tod."

3.

Die Luft ist so milde, es duftet die Au
Von tausend der würzigsten Blüthen,
Im Garten die Rosen mit perlendem Thau
Wohl nimmer so lieblich erglühten.
Grün prangen die Felder, den waldigen Grund
Bedecket ein Teppich so niedlich und bunt;
Dazu noch die Vöglein im üppigen Rain
Erfüllen mit Liedern den schattigen Hain.

Und drunten im Garten auf moosiger Bank
Sitzt Lore und lauschet den Liedern;
Ach könnte sie einmal — wie wüßte sie's Dank —
Die fröhlichen Grüße erwiedern!
Doch trauriger nur wird die liebliche Maid,
Sie netzet mit Thränen ihr düsteres Kleid;
Nicht findet ihr Herz hier die Heimath, die Ruh',
Das singen die Vöglein selber ihr zu.

Ihr ist es, als höre sie jubeln die Schaar:
„Wir ziehen, wir ziehen zum Rheine!
Was säumest du Mägdlein im goldenen Haar?
Was weilest du hier so alleine?"
Vom Zweige ruft schalkhaft ein Sänger: „Kiwitt!"
Ihr klinget es lockend: „Komm' mit! O, komm' mit!"
Die Lerche, sie schmettert: „Liri, tirili!
Hier suchest du Ruhe, dort findest du sie!"

„Wie kannst du nur weilen im Klostergemach,
In öden und dumpfigen Mauern?"
Tönt vorwurfsvoll fragend der Nachtigall Schlag,
„Was willst du die Jugend vertrauern?
O komm' in die Freiheit, o komm' in das Licht,
Dort schrecket die freudlose Zelle dich nicht,
Vergessen wirst bald du den Gram und die Pein,
Begleitest du uns an den wogenden Rhein."

4.

Noch ruht das Thal in süßem Morgengrauen
Und heil'ge Stille schließt das Kloster ein,
Als thränenschwer zwei blaue Augen schauen;
Lenore schleichet aus dem Kämmerlein.

Hinaus zum Garten lenket sie die Schritte;
In seiner hohen Bäume Einsamkeit,
In seiner Frühlingsblumen duft'ge Mitte
Taucht, Kühlung suchend, ihre Brust die Maid.

Da klingt herüber von dem Bergesgipfel
Das frohe Lied der muntern Schäferin,
Die leichten Herzens durch die schlanken Wipfel
Ihr Morgengrüßen schickt zum Aether hin:

    „Die Schatten der Nacht
    Entschwinden ganz sacht,
    Und Morgen wird es und hell;
    In rosiger Pracht
    Die Sonne schon lacht,
    Die Sorgen fliehen mich schnell."

Gehemmt hat Lore ihren Schritt, zu lauschen
Dem schlichten Lied der frohen Sängerin,
Es zieht, wie auch der Buchenkronen Rauschen,
Sie mächtig zu dem Waldesgrunde hin.

Unfähig, länger noch zu widerstehen,
Eilt sie an's Pförtchen, das ganz tief versteckt
Im Buschwerk liegt. Mag wohl der Riegel gehen,
Den lange Ruhe hat mit Rost bedeckt?

O Glück! schon weicht er ihren Händen,
Ihr ist's, als trete sie aus düst'rer Gruft,
Sie kann das Auge von dem Thal nicht wenden,
In langen Zügen athmet sie die Luft.

Sie wandelt langsam durch die stolzen Hallen
Wie durch des Tempels gottgeweihten Raum,
Und Hymnen sind's, die feierlich erschallen,
Aus tiefem Dickicht, wie vom hohen Baum.

Da trifft ihr Ohr der Quelle sanftes Rieseln,
Und durch das zarte Grün der Farren blinkt
Der Silberbach, der von den bunten Kieseln, —
Ein loser Bub' — in's Thal hinunter springt.

An's Ufer setzt die Jungfrau sich zu rasten
Und schaut dem muntern Spiel der Wellen zu,
Die eilend, als ob sie einander haßten,
Von dannen treiben ohne Rast und Ruh'.

In weiches Gras und Blumen, die entsprossen,
Ihr Haupt nun Lore bettet wohlgemuth;
Die Augenlider träumend halb geschlossen,
Blickt sie hinab in die krystall'ne Fluth.

Still' wird es rings in all' den tausend Zweigen,
Der kleinen Waldessänger Lied verstummt;
Selbst die geschwätz'gen Espenblätter schweigen,
Und keine Fliege mehr, kein Bienchen summt.

Doch aus den Wellen rauschen sanfte Klänge,
Wie Braga's Harfentöne leis und lind;
Auf kühlem Grunde der Najaden Menge
Sich dreht im Reigen wunderbar geschwind.

Und höher kräuseln sich die Wasserhügel,
Sie drängen schwellend sich an's Ufer hin;
Die Wellenmädchen winken aus dem Spiegel
Verführerisch der stillen Lauscherin.

Sie künden lockend ihr: „Die Reben blühen,
Da hält uns länger nicht der schatt'ge Hain;
Von dannen treibt es uns und fröhlich ziehen
Hinab zum Strome wir, zum trauten Rhein."

Noch immer winkend eilen sie von dannen,
Und Lore bleibt allein im Thal zurück,
Beneidend alle Tropfen, die da rannen
Zur Tiefe hin, um ihrer Freiheit Glück.

5.

Wie war der Junitag so drückend schwül!
Kein Lüftchen regte sich im weiten Raum;
Ermattet sinkt die Jungfrau auf den Pfühl,
Der Schlummer naht und mit ihm auch der Traum.

Sie sieht es nicht, daß in der Ferne steht
Ein finst'rer Wolkenberg, sie höret nicht,
Wie durch den Wald ein seltsam Pfeifen geht,
Das dürre Aeste krachend niederbricht.

Des Donners dumpfes Rollen kündet an,
Daß Ankathor den Bilskinir verläßt;
Er schwingt den Blitz vom ehernen Gespann,
Der schlangengleich durchzuckt den schwarzen West.

Vor Lore's Ohr des Rheines Woge rauscht,
Vor ihren Blick die klare Fluth sich drängt;
Sie steht allein auf steilem Fels und lauscht,
Wie Brandung sich und Echo brausend mengt.

Geheimnißvoll des Stromes Tiefe glänzt,
Sie blitzt wie ein versunk'nes Wunderreich,
Und aus den Wassern steigen schilfumkränzt
Im weißen Schleier Rana's Töchter bleich.

Sie schweben auf zum hohen Felsenrand,
Wo Lore bald von ihnen wird umringt,
Und heben warnend auf die feuchte Hand,
Als strenge mahnend ihre Stimme klingt:

„Lenore, Lenore, du herrliche Maid
Im düsteren Klostergewande,
Dir ziemet ein schimmerndes, bräutliches Kleid
Mit prangendem Myrthenbande.

Dienst Gott du nur, wenn du geschoren dein Haupt,
Entsagest der Welt und der Freude?
Ach! Wenn du dir Zierde und Anmuth geraubt,
Wird bald dir das Leben zum Leide.

Und hast du vergessen den heiligen Eid,
Die Treue, die jüngst du geschworen?
Du hast dich dem König des Rheines geweiht,
Zum Bräutigam ihn dir erkoren.

Wir schonten des frevelnden Grafen ja nicht,
Dir treu unsern Dienst zu erzeigen,
Nun säume auch du nicht, gedenke der Pflicht,
Und gib dich dem Rheine zu eigen!"

Ein schwerer Schlag, ein blendend heller Schein —
Die Schläferin aus ihrem Traum erwacht.
„Bin ich", so ruft verwirrt sie, „schon am Rhein?
Gilt mir des Feuers düsterrothe Pracht?

Sie hebt, wie sich besinnend, ihre Hand
Und kühlt damit die brennend heiße Stirn —
„Wie? Ist das nicht der Klosterzelle Wand?
Wohin verirrte sich mein fiebernd Hirn?

Doch dieses Licht, das durch die Scheiben dringt,
Mit falbem Schimmer hellt das Kämmerlein,
Und diese Gluth, in der das Glas zerspringt,
Von wannen kommt sie her? Was mag das sein?"

Sie eilt zum Fenster, öffnet es behend,
Blickt forschend in den Garten dann hinaus:
Ein Ahornstamm in lohen Flammen brennt,
Bestrahlt mit tageshellem Schein das Haus.

Hoch über ihr in finst'rer Wolkenflur
Stets leiser jetzt des Donn'rers Hammer dröhnt,
Verschwunden ist der Flammen flücht'ge Spur,
Der Wald nun in des Regens Fülle stöhnt.

Anbetend sinkt die Jungfrau auf die Knie:
„Du hast Erbarmen, Vater, mit der Schuld;
Die deiner Strenge werth, du schonest sie,
Allgüt'ger, ewig währet deine Huld!

Wenn ich nicht immer war, wie du gewollt,
So hab' Geduld, Erbarmen auch mit mir!
Vergib, wenn dem Geschick ich still gegrollt,
Vergib, wenn ich um Freiheit fleh' zu dir!"

6.

Es fließen die Stunden, die Tage dahin
Im ewigen Strome der Zeiten;
Doch keine bringt Lore gehofften Gewinn,
Denn Keiner will heimwärts sie leiten.
Die Wange wird bleich, die sonst rosig erglüht',
Die Sorge der Schwestern vergebens sich müht;
Denn Freiheit nicht wird ihr, so innig sie fleht —
Nun suchet noch einmal sie Trost im Gebet.

„O Mutter des Friedens, dich rufe ich an,
Du wollest es stillen, mein Trauern!
Ich Aermste, was hab' ich denn Böses gethan,
Zu schmachten in Moder und Mauern?
O rette, o Mutter, o rette dein Kind,
Mich foltert die Angst und die Thräne, sie rinnt,
Und mit ihr ich weine mein Leben dahin,
Zum Rheine allein nur stehet mein Sinn."

Da öffnet die Thür sich geräuschlos, und ein
Elisabeth tritt zu der Armen,
Die Züge, die sonst wohl nur streng können sein,
Durchbebet ein leises Erbarmen.
Sanft hebt sie die schluchzende Jungfrau empor
Und flüstert ihr liebende Worte in's Ohr,
Sie schaut in das thränenbethaute Gesicht,
Das nur von Verzweiflung und Seelennoth spricht.

„Sag' an, meine Tochter, was drücket dein Herz?
Was soll denn dein Weinen und Klagen?
Warum wohl dich foltert so grausamer Schmerz?
Kannst nimmer der Welt du entsagen?
Sag', ist's dir im Kloster zu einsam und still?
Verlangt es dich wieder in's Erdengewühl?
Es soll ja der Heiland dein Bräutigam sein,
Ihm solltest mit Freuden dein Leben du weih'n."

„"Nein Mutter, nein Mutter, nichts stillt meine Qual,
So lange ich fern von dem Rheine,
Mir blühet kein Glück in dem lieblichen Thal
Und mahnend umweht's mich im Haine.
Da hör' ich die Vöglein, sie singen mir zu:

Geh' hin zu dem Rheine, dort findest du Ruh'!··
Die Wellen des Baches, sie laden mich ein,
Mit ihnen zu ziehn an den herrlichen Rhein."*

„Du arme Bethörte, ach! glaube es mir,
Das sind nur die höllischen Tücken,
So spricht nur der falsche Verführer zu dir,
Er will dir die Sinne berücken.
O! suche im frommen Gebete dein Heil,
Dem Standhaften nur wird die Krone zu Theil,
Dann schlägst du gewappnet den Feind aus dem Feld,
Entsagest mit Freuden der trüg'rischen Welt."

„„Ich habe gebetet so oft und so lang,
Doch sterben nicht wollte das Sehnen;
Ach! könntet ihr bannen den ewigen Drang,
Ich dankt' es mit freudigen Thränen.
Mich bindet der Schwur, der dem Rhein mich getraut,
Ich hab' mich dem König versprochen zur Braut,
Die Treu' muß ich halten und träf' mich der Tod,
Drum laßt mich zum Rheine! Drum endet die Noth!"„

„Ich kann", spricht die Meisterin schmerzlich bewegt,
„Dem Eide dich nimmer entbinden,
Der Sehnsucht, vom Ew'gen in's Herz dir gelegt,
Ihr folge, um Ruhe zu finden.

Nicht kann ich zerstören, was Gott dir verlieh'n,
So mögest du, Tochter, in Frieden nun zieh'n!
Mög' schützend ein Engel zur Seite dir gehn,
Daß droben beim Vater wir ewig uns sehn!"

7.

Es fällt in's Schloß die Klosterpforte
Und Lore steht im Wald allein,
In ihrem Antlitz aber schimmert
Der innern Freude Wiederschein.

Sie streckt zum unbewölkten Himmel
Frohlockend ihre Arme aus,
Und jubelt ihres Herzens Wonne
In Flur und Wald und Feld hinaus.

„Ihr Legionen freier Wesen,
Die ungehemmt ihr schwelgt in Lust,
Ihr könnt's nicht fassen, nicht begreifen,
Was so beseligt meine Brust.

Das Vöglein nur, das lang geschmachtet
Im engen Käfig, wird verstehn,
Was mich bewegt, wenn endlich wieder
Befreit es schwirrt in Aethers Höh'n.

Auch der Gefang'ne wird's empfinden,
Der aus dem finstern Burgverließ
Nach langen Jahren wird errettet
Und grüßt der Freiheit Paradies.

Die grüne Erde möcht' ich küssen,
Die mir verjüngt erscheint und neu,
An jeden Baum die Wange legen,
Ihm jubelnd sagen: Ich bin frei!

Ich lebt' im Kloster ohne Sorge,
Doch konnt' ich nimmer glücklich sein;
Fort trieb es mich aus jenen Mauern,
Mein Glück wohnt nur am schönen Rhein.

Gesprengt sind der Verbannung Fesseln,
Ich bin wie eh'dem froh und frei;
Doch wer führt mich aus dieser Wildniß,
Zeigt mir den Weg zur hohen Ley?

Denn dort will ich die Heimath grüßen
Und schauen, wie ich's heiß begehrt,
Mich in den Anblick ganz versenken,
Den ich so lang, so lang entbehrt.

Dort sehe ich die Wogen rollen,
Bestrahlt vom gold'nen Abendschein,
Ich höre ihre Wasser rauschen
Und weiß, ich steh' an meinem Rhein."

„„An deinem Rhein,"" tönt sanftes Klingen
Der Jungfrau an ihr lauschend Ohr,
„„Sei ohne Furcht, denn ach! wie gerne
Wir führen, Herrin, dich empor.""

Halb schwebend wird sie fortgetragen
Von unsichtbarer Geisterhand,
Bis endlich glücklich sie gelanget
Zum furchtbar jähen Felsenrand.

Wie trunken schweifen ihre Blicke
Durch Gottes weites Wunderreich,
Und südlich milde Sommerlüfte
Umschmeicheln ihre Schläfe weich.

Doch in des Wiedersehens Freude
Drängt sich ein Stachel unbewußt,
Im frohen Jubel auch erwachet
Der alte Schmerz in ihrer Brust.

Da rauscht es in der Tiefe mächtig,
Die Brandung wogt empor zum Strand,
Es schweben Aigir's bleiche Töchter
Behende auf zum steilen Rand.

Sie reichen mit den schlanken Händen
Zwei selt'ne Gaben Lore hin,
Bestrickend klingt ihr freudig Grüßen:
„Heil dir! Heil unsrer Königin!

Nimm an, was dir der Rhein gesendet,
Die Kette hier als Brautgeschmeid;
Mit ihr du trotzest den Gefahren,
Bist gegen Noth und Tod gefeit.

Wirfst du sie nieder in die Fluthen,
So wird die Welle dir zum Kahn,
Die Wasser folgen deinem Winke,
Sie sind dir willig unterthan.

Und hier als Zweites nimm die Leyer
Von süßem, wunderbarem Klang;
Berührst du ihre gold'nen Saiten,
So wirkt bezaubernd dein Gesang.

In Svartalfheim ist sie geschmiedet,
Der Dwergar schönstes Meisterstück;
Von dort stammt auch die Bernsteinkette,
Vor der der Brising steht zurück.

Das sind die edlen Hochzeitsgaben,
Die unser König dir gesandt;
Nun folge uns zu seinem Schlosse
Und reich' dem Bräutigam die Hand.

Die Alfen haben dir gewoben
Ein schneeig, golddurchwirktes Kleid,
Der Königin wir alle harren:
Bist du zu folgen uns bereit?"

„„Noch nicht,"" spricht Lore unerschrocken,
„„Noch thatet ihr das Werk nicht ganz;
Nur, wenn die Rache ist vollendet,
Soll schmücken mich der Hochzeitskranz.

Erst will ich seh'n, ob Otto büßet,
Was frevelnd er an mir verbrach:
Gerechtigkeit ist's, was ich heische,
Der Tod nur tilget seine Schmach.

Ist das gescheh'n, so kehret wieder,
Und gerne ziehe ich mit euch;
Als Königin sollt ihr mich führen
Hinab in das krystall'ne Reich.""

X. Der Verbannte.

1.

Rauher Nord fährt durch die Blätter
 In dem hohen Waldrevier;
Fröstelnd schließt ein alter Köhler
 Seiner engen Hütte Thür.

Denn das Tagwerk ist vollendet,
 Und die Nacht senkt sich herab;
Längst verstummten Axt und Säge,
 Stille wird es wie im Grab.

Armuth wohnet in der Hütte,
 Ihre Wände stehen kahl,
Nirgend Zierrath, Alles dürftig.
 Spärlich wie das karge Mahl.

Doch ein Reichthum liegt verborgen,
Unter diesem schlichten Kleid;
Den Bewohnern blüht das größte,
Schönste Loos: Zufriedenheit.

Schlicht und dankbar spricht der Alte,
Als er faltet fromm die Hand:
„Segne, Vater, diese Gabe,
Die du huldreich uns gesandt!"

Und sein Weib, das mit ihm theilet
Die entleg'ne Einsamkeit,
Schließt die Bitte: „„Laß auch Niemand
Darbend gehn zur Ruhe heut'!""

Drauf sie sich zum Mahle setzen —
Milch ist's nur und trocken Brod —
Heiter aber sind die Mienen,
Künden nichts von Gram und Noth.

„Horch, was war das?" spricht der Alte,
„Ein Geräusch! Vernahmst du's nicht?"
„„Wohl ein aufgescheuchter Eber,
Der durch's Unterholz sich bricht.""

„Nein, mir war's, als hört' ich rufen,
Doch es kann auch Täuschung sein;
Denn wer streift zu dieser Stunde
Wohl noch durch den dunkeln Hain?"

Schweigend sitzen sie und lauschen,
Als sie Schritte hören nah'n:
Gleich darauf klopft Jemand dringend
An die Thür der Hütte an.

Schnell der Köhler öffnet, staunend,
Wer jetzt Einlaß noch begehrt;
Vor ihm an der Schwelle nieder
Sinkt ein Jüngling, bleich, verstört.

Staubbedeckt und ganz zerrissen
Ist des Fremdlings Rittertracht;
Aus den blassen, hohlen Wangen
Spricht des Hungers bitt're Macht.

Mitleid faßt die alten Leute,
Und sie tragen ihn sogleich
Auf ihr eig'nes, dürft'ges Lager,
Betten sorgsam ihn und weich;

Netzen ihm die trock'nen Lippen
Mit des kargen Mahles Trank,
Flüsternd, kaum vernehmbar hauchet
Der Erschöpfte ihnen Dank.

Die Ermattung drückt gewaltsam
Ihm die müden Augen zu,
Und die guten Alten gönnen
Ihm von Herzen diese Ruh'.

Seinen Schlummer nicht zu stören,
Wagen sie zu sprechen kaum;
Nur des Schläfers tiefes Athmen
Ist vernehmlich in dem Raum.

Sinnend wiegt das Haupt der Köhler
Bei der Lampe trübem Schein;
Doch vergebens er sich fraget:
„Wer mag dieser Fremdling sein?"

Flüsternd neigt sein Weib sich zu ihm:
„„S'ist ein Ritter sicherlich,
Der nach Wild den Wald durchstreifte
Und hierher verirrte sich.""

„Nein", der Alte spricht und schüttelt
Sein gelocktes Silberhaar,
„Nicht im Sammtwams geht der Jäger,
Nicht auch jeder Waffe baar.

Daß er edlem Blut entsprossen,
Daran zweifle ich nicht mehr;
Doch wie kommt allein und wehrlos
Er in diese Wildniß her?

Auch muß länger er schon weilen
In dem öden Waldbereich,
Abgenutzt ist seine Kleidung,
Seine Wangen hungerbleich.

Hangen nicht die braunen Locken
Um die Stirne ganz verwirrt?
Und wo blieb das Jugendfeuer,
Das ein Jünglingsauge ziert?

Trostlos ist sein Blick, als ob er
Ein verlor'nes Glück beweinet,
Und das abgehärmte Antlitz
Fast den Tod zu rufen scheinet.

„"Horch!"" Die Köhlerin erbebet,
„"War das nicht des Käuzchens Schrei?
Weh! nun ist es mit dem Leben
Dieses Jünglings bald vorbei.

Als zuletzt der Ruf ertönte —
Sieben Jahre schon es sind —
Raubte in derselben Stunde
Uns der Tod das einz'ge Kind.""

Traurig denket sie der Schmerzen,
Die in jener Nacht sie litt,
Als das Käuzchen lockt von Neuem
Schauerlich: „Komm mit! Komm mit!"

Selbst der Schläfer scheint's zu hören,
Denn er wirft sich hin und her,
Unruh' seiner sich bemächtigt,
Und er seufzet oft und schwer.

Plötzlich streckt er beide Arme
Wie zur Abwehr vor sich aus,
Und in den verzerrten Mienen
Spiegelt sich Entsetzen, Graus.

„Schreckensfylgien!" er stöhnet,
„Meine Qual ist eure Lust;
Höhnend hetzet ihr die Wölfe
Auf die todeswunde Brust.

Mit den Schlangenzügeln treibet
Ihr sie wilder stets noch an;
Was der gier'ge Rachen schonet,
Das zerfleischt der gift'ge Zahn.

Weh' mir! Hela, du verließest
Selbst dein stilles Todtenreich,
Winkst mir mit dem grausen Scepter,
Der, wie du, so kalt und bleich.

Willst nach Helheim du mich führen,
Zu dem feuchten Schädelthron?
Hin, wo Leichendüfte wehen,
Wo erstirbt der Freude Ton?

Soll ich zu den Schatten wandern,
Die nach Nasströnd du verdammt,
Wo der Fackeln düst'res Glühen
Zu der Natternwölbung flammt?

Ach! wie kann ich mich entwinden
Deiner fürchterlichen Hand?
Weh! wie werde ich entrinnen
Von Nidhöggur's Schreckensstrand?"

Und er beißt die Lippen blutig,
Kalter Schweiß die Stirne deckt,
Als aus seinen bösen Träumen
Endlich ihn der Köhler weckt.

2.

Kaum wird das Eichhorn auf dem Baume munter,
Indeß die kleine Vogelwelt noch schweigt,
Als von dem Berge schon in's Thal hinunter
Mit Ungestüm der junge Fremdling steigt.

Nicht hielt es länger ihn mehr in der Hütte,
Es jagt ihn ruhelos von Ort zu Ort,
Und er enteilt des Hochwald's stiller Mitte;
Der Fluch, der auf ihm lastet, treibt ihn fort.

Vom Köhler auf den rechten Weg geleitet,
Folgt er dem oft gewund'nen Felsenpfad,
Bis er, dort wo die Schlucht zum Thal sich weitet,
Dem grünen Strand des stolzen Stromes naht.

Er läßt sich nieder auf dem weichen Boden —
Nach solchem Wege thut die Ruhe gut —
Und durch der Uferweiden schlanke Loden
Schaut starren Blick's er in die klare Fluth.

„Als ich zuerst euch, stolze Wogen, grüßte,
Da kannt' ich Herzeleid und Kummer kaum;
Den Schmerz der Jugend Frohsinn schnell versüßte,
Doch ach! es war ein schöner, bunter Traum!

Mir lächelte der Liebe gold'ne Sonne,
Doch flüchtig, wie der Wolke Purpurschaum,
Zerrann sie wieder, diese sel'ge Wonne,
Es war ein gold'ner, allzu kurzer Traum.

Dann kam die Schuld, die mich zu Boden drücket;
Zur Folter ward des Lagers weicher Flaum;
Das scheue Auge sieht, wohin es blicket,
Nur sie allein: O wär' auch dies ein Traum!

Die Zukunft grauenvoll sich mir verdüstert,
Verflucht ich irre nun im weiten Raum,
Und mein Gewissen rastlos mahnend flüstert:
Die Schuld bleibt dir; sie ist allein kein Traum!"

Und als er sinnend länger noch verweilet,
Naht sich ein Fischer ihm in leichtem Kahn;
Der starke Kiel die Wogen spielend theilet,
Bis ihn das Steuer lenkt an's Land heran.

„Grüß Gott!" der Fischer ruft und springt behende,
Das Ankerseil erfassend, auf den Strand,
Schlingt um die nächste Weide schnell das Ende
Des starken Strickes mit geschickter Hand.

„„Grüß Gott!"" Der Jüngling freundlich ihm erwiedert,
Und höher röthet sich sein Angesicht;
Denn seit der Frevel sich mit ihm verbrüdert
Vernahm er diesen frommen Gruß ja nicht.

Der Fischer geht und eine dichte Hecke
Hat bald ihn schon entzogen Otto's Blick;
Dort trocknete im sicheren Verstecke
Sein Netz, das er jetzt bringt zum Kahn zurück.

Er wirft es nieder in des Fahrzeugs Mitte
Und steht das Seil zu lösen im Begriff,
Da nahet sich ihm Otto mit der Bitte,
Ihn aufzunehmen in sein kleines Schiff.

Der Fischer spricht: „Verlangt's euch zuzuschauen?
Ich fahr' hinüber zu dem Karpfenfang;
Und — darf ich alten Fischerregeln trauen —
Wird heuer euch dabei die Zeit nicht lang."

Ach könntest, guter Fischer, du es ahnen,
Warum der Jüngling fährt mit dir dorthin!
Ihn jagen seiner Opfer düst're Manen,
Vor denen er umsonst versucht zu flieh'n.

Die Noth macht oft erfinderisch, wir sagen,
Und so geschah's, als Otto dich erblickt;
Noch einmal will er Ruh' zu suchen wagen,
Vielleicht, daß jenseits es ihm endlich glückt.

Er hofft, daß es genug wohl bald der Reue,
Auf daß verstummt die Qual, die ihn erfüllt,
Daß ihm das Leben neue Blüthen streue,
Daß drüben ihm der Born des Friedens quillt.

3.

Herrlich ist's an Sommertagen
Sich zu freu'n in Waldeskühle;
Weiches Moos und duft'ge Blumen
Bieten lockend sich zum Pfühle.

Durch die Zweige zu den Wipfeln
Schweift das Auge wonnetrunken,
Droben lacht die helle Sonne,
Nieder sprühen lichte Funken.

An der Eiche knorr'gen Aesten
Schimmern bunt die jungen Sprossen,
Stolz erhebt sich ihre Krone,
Sanft von Sonnengold umflossen.

Dicht daneben ragt die Buche,
Glänzend in dem üpp'gen Kleide,
Schützend birgt sie Nest und Vogel
Manchem Räuber wohl zum Leide.

Zitternd schmiegen sich zusammen
Dort der Espe weiche Loden,
Und der Weide schlanke Ruthen
Senken sich zum Waldesboden.

Fern im dunkeln Föhrengrunde,
Wo die Lüfte kosig wehen,
Um die alten Waldesriesen
Die Ividien sich drehen.

Seltsam Gaukelspiel sie treiben,
Bis sich All' zusammenfinden,
Und ein kleiner Vogel lauschet
Was einander sie verkünden.

"Saht ihr ihn," ein Elfchen flüstert,
"Der die Reichensteiner freite?
Lang' im Hunsrück er schon irrte,
Der Gewissensqualen Beute."

""Ist ihm Recht!"" die nächste grollet,
""Warum hat er's so getrieben?
Wär' er jetzt nicht froh und glücklich,
Wenn er Lore treu geblieben?

Ja, so sind die Männer alle,
Heucheln Liebe, schwören Treue,
Und in Kurzem sie beginnen
Anderwärts ihr Spiel auf's Neue.

Ha! ich möcht' mit diesen Händen
Ihm das Lockenhaar zerzausen!
Hätt' ich Heimdall's Horn, er hörte
Seine Schmach im Windesbrausen.""

Rings die Andern leise kichern
Ob der Schwester Feuerrede;
Eifriger nur macht es diese,
Die nicht furchtsam, die nicht blöde.

""Lacht ihr nur! Ich lache mit euch,
Denn fürwahr! ich freu' mich dessen,
Daß, als Odin schuf die Männer,
Unsern Antheil er vergessen.

Ein Phantom nur ist die Liebe
Und die Treue falsches Wähnen,
Kurzes Hochgefühl der Wonne
Zahlen tausend bitt're Thränen.

Liebe! Ha! ein Truggebilde
Voll von Wahn und Finsternissen,
Voll von Falschheit, List und Ränken,
Voll von Qual und Schlangenbissen.

Treue..."" „Halt, verweg'nes Elfchen",
Ruft der Schwestern mahnend eine,
„Hüte wohl die kecke Zunge,
Denn du bist hier nicht alleine.

Freya wird es schlecht vermerken,
Wollte Jemand es ihr künden,
Wie du schonungslos verdammest
Alle um des Einen Sünden.

Nicht die Liebe darum tadle,
Wenn hier Uebles ward verbrochen!
Wird nicht der Entweihung Frevel
Fürchterlich genug gerochen?

Tage, Wochen streift der Schuld'ge
Schon geächtet durch die Fluren,
Doch noch immer folgt die Rache
Nimmer rastend seinen Spuren.

Mag nun auch das Bild des Mordes
Bald beginnen zu verbleichen;
Nimmer wird er Glück und Ruhe,
Nimmer, was er wünscht, erreichen.

Seit dies Ufer er betreten,
Glaubt er frei sich von den Banden;
Doch die Sylgien geleiten
Ihn, deß Wiege sie umstanden.

Seine Reue ist entschlummert,
Neues Hoffen in ihm glühet;
Die Geliebte aufzusuchen
Er jetzt Berg und Thal durchziehet.

Oftmals schon, wenn Nacht und Nebel
Deckte der Vierthäler Auen,
Schlich er sich zu Hartwin's Hause,
In die Fenster still zu schauen.

Doch weil dort er nicht gewahrte
Jene, die er wollte finden,
Eilt' er suchend immer weiter
Zu den fernsten Waldesgründen.

Fruchtlos blieb sein emsig Forschen,
Doch er läßt sich's nicht verdrießen;
Mühe, denkt er, darf nicht scheuen,
Wer des Lohnes will genießen.

Und weil drüben ganz vergebens
War sein noch so eifrig Suchen,
Lenkt er jetzt in kluger Weise
Seinen Schritt nach Schönau's Buchen.

Armer Schelm! Auch diese Hoffnung
Hat dich balde schon betrogen;
Zwar das Kloster ist zur Stelle,
Doch das Vöglein ausgeflogen.

Horch! Es nahen Menschentritte,
Leise knackt es in den Zweigen.
Still! Er ist es, Otto selber, —
Laßt uns enden schnell den Reigen!"

In der Bäume dichtem Laube
Bald der Elfen Chor verschwindet;
Nicht ein Schimmern, nicht ein Flüstern
Mehr ihr frohes Spiel verkündet.

4.

In Gedanken tief versunken
Otto schaut zur Erde nieder. —
Lauscht er auf das Blätterrauschen?
Freut er sich der muntern Lieder?

Beides nicht; er überleget,
Welcher Pfad wohl einzuschlagen;
Denn er traf auf seinem Wege
Niemand, den er konnte fragen.

Ueber Blumen, durch Gebüsche
Wandert langsam er nun weiter,
Oft durch Dickicht, über Gräben,
Nur die Sonne ist sein Leiter.

Ruhiger ist es geworden
Ihm im langgequälten Innern;
Seit der Strom ihn trennt von Rheinstein,.
Trägt er leichter das Erinnern.

Neues Sehnen, neues Hoffen
Ihm belebet froh die Sinne,
Fänd' er Lore, ach! wie würd' ihn
Jetzt beglücken ihre Minne!

Eine seltsam süße Ahnung
Ihm die Näh der Liebsten kündet,
Und er hegt den festen Glauben,
Daß in Schönau er sie findet.

Endlich, bald der Tag sich neiget,
Sieht er's durch die Bäume schimmern,
Sieht das Dach von blauem Schiefer
Hell im Sonnenglanze flimmern.

Die Erwartung färbt die Wangen
Höher, seine Pulse fliegen;
Wird er, wenn er sie auch findet,
Ihren Widerstand besiegen?

Wird sie seine Bitte hören,
Ihm von Neuem Glauben schenken?
Ob in Mitleid, ob in Grollen
Seiner sie wohl mag gedenken?

Vor sich sieht er eine Pforte
In der Mauer; leises Zagen
Will ihn fassen, doch er flüstert:
„Wer gewinnen will, muß wagen!"

Laut er klopfet, aber Niemand
Will ihm Einlaß hier gewähren,
Keiner öffnet ihm die Pforte,
Fraget ihn um sein Begehren.

Sinnend geht er um die Mauer,
Eine and're Thür zu suchen.
Stille ist's, kein Blättchen zittert
Sast im grünen Hag der Buchen.

Plötzlich hört er Stimmen sprechen,
Neben sich, jenseits der Mauer,
Weich und sanft scheint ihm die eine,
Doch die zweite tiefer, rauher.

Vorwurfsvoll die letz're klinget:
„Schwester, konntest Du es wagen,
Sie vom Kloster zu entlassen,
Ohne mich darum zu fragen?"

Drauf die Andre: „„Ach ich konnte
Länger, Bruder, es nicht sehen,
Wie sie mit der Sehnsucht kämpfte
Nach der Heimath Felsenhöhen.

Magst du drum mich unklug schelten,
Glaub' es mir, ich ließ sie lange
Stets vergebens innig bitten,
Doch dann ward mir um sie bange.

Abgehärmt, mit bleichen Wangen,
Bat sie heute auf den Knieen,
Flehend ihre Hände faltend:
„Mutter, laß mich heimwärts ziehen!"

Wär' ein Stein mein Herz, es hätte
Wohl Erbarmen fühlen müssen;
Egibert, was ich da fehlte,
Werd' ich zu vertreten wissen."„

„Nun, ich hoffe," spricht besänftigt
Drauf die vor'ge tiefe Stimme,
„Daß der Bischof dir's nicht rüget,
Und die Folge keine schlimme.

Aber sag' mir, wen du Lore
Zum Geleite mitgegeben!
Wer beschützet auf dem Wege
Dieses wilde, junge Leben?"

„„Sie verneinte Schutz und Leitung,
Da den Pfad sie fänd' alleine;
Und sie schritt mit frohem Lächeln
In der Richtung nach dem Rheine.""

Athemlos noch harrt der Lauscher,
Als die Stimmen sich verlieren;
Doch er weiß genug; zum Rheine
Muß die Sonne jetzt ihn führen.

XI. Loreley.

1.

Dämm'rung naht auf leisem Fuße,
 Schatten ziehen still heran,
Doch in lichten Purpurflammen
Glüht der Wolkenocean.

Graue Nebelschleier hüllen
Schon die fernen Berge ein,
Nur der Schlösser stolze Zinnen
Glänzen noch im Abendschein.

Süße Feierstunde kündet
Aus dem Thal der Glocke Klang,
Zu den Hügeln noch ein Fischer
Sendet seinen Nachtgesang:

„Neigt der Tag sich seinem Ende,
Ist der Hände Werk vollbracht,
Klingt es tröstend allen Müden:
Gute Nacht! Gute Nacht!

Mutter, die mit treuer Sorge
Meinen Lebensweg bewacht,
Schließ' die lieben, müden Augen:
Gute Nacht! Gute Nacht!

Schlafe wohl auch du, Geliebte,
Daß dein Blick mir heller lacht,
Wenn ich morgen froh dich grüße.
Gute Nacht! Gute Nacht!

Bald auch mich umfängt der Schlummer,
Doch der Vater droben wacht. —
Herr der Welt, dir gilt mein letztes
Gute Nacht! Gute Nacht!"

Und der Schiffer treibt den Nachen
Langsam zu dem stillen Strand,
Kettet dann ihn an den Pfosten,
Eingerammt im Ufersand.

Kaum des Mannes feste Schritte
In der Ferne sind verhallt,
Als ein Jüngling naht dem Nachen,
Den er löset mit Gewalt.

Längs des Ufers langsam steuert
Er den stillen Strom hinauf,
Nicht ein Lüftchen schwellt die Wogen,
Hemmt des kleinen Fahrzeugs Lauf.

Prüfend Otto, denn er ist es,
Späht nach beiden Ufern hin;
Endlich wähnt er sich am Ziele,
Doch ein Schemen täuschet ihn.

Fern Sankt Goar's Lichter grüßen
Hell vom andern Ufer her,
Müd' und traurig seufzt der Jüngling:
„Heute find' ich sie nicht mehr."

Doch noch einmal taucht er's Ruder
In der Wellen dunkle Fluth,
Als ein wundersames Klingen
Hebet den gesunk'nen Muth.

Irrt der Ton aus feuchter Tiefe,
Aus des Stromes Schooß herauf?
Kommt er aus den ew'gen Höhen?
That ein Gott das Thor ihm auf?

Aber horch! Klingt nicht vernehmlich
Eine Stimme auch dabei?
Magisch zieht es Otto's Blicke
Hin zur nahen, hohen Ley.

Grausig jäh der Felsen dräuet,
Hohl die Brandung ihn umtobt;
Mit dem Leben zahlte Mancher,
Der hier Schifferglück erprobt.

Doch nicht achtend der Gefahren
Rudert Otto schnell heran,
Ob es um ihn braust und toset,
Starr blickt er den Fels hinan.

Eben grüßt den höchsten Gipfel
Silberhell ein sanftes Licht;
'S ist der Mond, der mild und lächelnd
Durch den Wolkengürtel bricht.

Und von seinem Schein umflossen
Steht ein göttergleiches Bild,
Königlich von Wuchs, das Antlitz
Wie die Sonnenstrahlen mild.

Um die zarten Glieder fließet
Lichtes, schimmerndes Gewand,
Sinnverwirrend aus den Saiten
Weiche Klänge lockt die Hand.

Von dem Scheitel tief zum Nacken
Wallt der Locken gold'ne Pracht,
Schön wie Siwa's, die einst Loke
Ihr zum Sühngeschenk gemacht.

Träumerisch die Blicke schweifen
Hin, wo Nacht die Erde deckt,
Und das Echo, schon entschlummert,.
Wird vom süßen Ton geweckt.

2.

„Lore!" ruft der Jüngling jubelnd,
„Sieh' zu deinem Otto nieder,
Der von langer, banger Wand'rung
Reuig kehret zu dir wieder.

Nur ein Lächeln deiner Wangen,
Einen einz'gen Gruß mir sende!
Einen Blick von deinen Augen
Gönne mir als Liebesspende!

Schütt'le nicht die goldnen Locken,
Wende nicht dich ab im Zorne!
Schenk mir wieder dein Vertrauen,
Meines Herzens Auserkor'ne!

Wohl hab' ich an deiner Liebe
Arge Frevelthat begangen,
Doch noch zehnmal größ're Sünde,
Um dich wieder zu erlangen.

Alles Glück, das mir geboten,
Trat verächtlich ich mit Füßen;
Deinetwegen nur, Lenore,
Mußt' ich so entsetzlich büßen.

Von dem Höchsten selbst verstoßen,
Von der Welt verschmäht, verachtet,
Eilt' ich friedlos durch die Oede,
Nur weil ich nach dir getrachtet.

Jede Thräne, dir erpresset,
Mußt' ich tausendfach bezahlen;
Wie ein müdes Wild mich jagten
Des Gewissens Folterqualen.

Bertha's Tod, des Bischofs Zürnen,
Vaters Gram hab' ich verschuldet;
Nur um dich ward ich zum Frevler,
Nur um dich hab' ich geduldet.

Zeig' Erbarmen nun, Lenore,
Laß mich nicht vergebens bitten!
Lang' genug hab' ich gebüßet,
Lang' genug hab' ich gelitten.

Blicke nicht so kalt, so grausam!
Ach! wer Liebe je geübet,
Muß verzeih'n gesühnte Schulden,
Oder — ward ich nie geliebet?"

Doch vergebens ist die Bitte,
Unverstanden bleibt sein Flehen;
Drohend, gleich der Rachegöttin,
Sieht er die Geliebte stehen.

Mit der Gluth des Herzens mahnet
Er sie nun an jene Stunden,
Wo zum ersten Mal der Liebe
Süße Wonnen sie empfunden.

Und die Worte, so bestrickend,
Hallen ihr im Herzen wieder,
Daß mit wechselnden Gefühlen
Sie sich beuget zu ihm nieder.

3.

„„O schweig', ich will nicht hören
Den längst begrab'nen Laut,
Du darfst mich nicht begehren,
Bin eines Andern Braut.

Was rufst entschlaf'ne Klänge
Du wach in meiner Brust?
Soll ich des Unglücks Menge
Mir werden ganz bewußt?

Laß unberührt das Sehnen,
Das still im Herzen liegt!
Erwecke nicht durch Thränen,
Was kaum erst eingewiegt!

Schon fühl' ich, wie es leise
Im Innern wieder glüht,
Die Liebe ihre Kreise
Stets enger um mich zieht.

Ich denk' mit Lust und Bangen
An das entschwund'ne Glück;
Schon keimet das Verlangen:
Ach, könnt' ich noch zurück!""

4.

Dumpf die dunklen Fluthen grollen
Wie im schmerzerfüllten Zürnen,
Eine vorwurfsvolle Klage
Hallt's hinauf zu den Gestirnen.

Schweigend steht der Jüngling drunten
In dem wildumstürmten Nachen;
Nicht bekümmern ihn die Wogen,
Nicht der leichten Planken Krachen.

Seine Augen schau'n nur Lore,
Die wie lauschend steht dort oben,
Von dem milden Sternenschimmer
Wie ein Cherub licht umwoben.

Aus der Tiefe klingt zur Höhe —
Erst wie Lenzeshauch so leise,
Bald wie Sturmgebraus so mächtig —
Eine wundersame Weise.

„Denke, Jungfrau, deines Schwures,
Der dem Rheine dich verlobte!
Er allein dir sandte Hülfe,
Als Verzweiflung dich durchtobte.

Nicht darf Jener dich bethören,
Der zertrat die edlen Blüthen,
Die für ihn in deinem Herzen
Einst so rein, so leuchtend glühten.

Wer, wie er, die Treu' verrathen,
Darf dich fürder nicht verblenden;
Nimmermehr darf nun dein Auge
Sich verzeihend zu ihm wenden.

Als du schmerzverloren irrtest,
Hörten wir dein Jammerrufen,
Treu wir standen dir zur Seite,
Rache, Rache wir dir schufen.

Jenem schon sein Loos bestimmte
Skulda an der Urdarquelle;
Drum auch du nicht länger zaudre,
Uns den Preis nicht mehr verhehle!

5.

Gewaltsam die Jungfrau sich raffet empor,
Sie schaut in der Tiefe den singenden Chor;
Die Wellen, sie schmeicheln so sanft und so traut:
„Komm', laß dich umfangen, du liebliche Braut!"

Und dort winkt der And're, den einst sie geliebt,
Der grausam das Glück ihrer Jugend getrübt;
Er, der ihre Liebe getragen in's Grab —
Da ruft sie mit drohender Stimme hinab:

„Umsonst ist die Bitte, vergebens dein Fleh'n,
Kein Sterblicher kann seinem Schicksal entgehn;
Getrennt sind wir ewig, drum geh' deinen Pfad.
Hinweg nun! Mein zürnender Bräutigam naht!"

Um Otto erbraust es, er höret es kaum,
Die Hoffnung verschwindet, ein täuschender Traum;
Was werth ihm zum Leben, ist Alles dahin,
Verzweiflung umnachtet den tobenden Sinn.

Noch einmal er blicket empor zu der Ley:
„Leb' wohl denn auf ewig, du liebliche Sey!
Das Herz kann nicht länger ertragen die Noth,
Und was ich verbrochen, das sühne der Tod!"

Drauf mit der Verzweiflung entsetzlichem Muth
Er stürzt sich hinein in die brausende Fluth. —
Kaum schließet das rauschende Grab sich um ihn,
So rollen besänftigt die Wellen dahin.

Lenore steht droben auf schwindelnder Höh',
Dahin ist die Liebe, ihr Glück und ihr Weh;
Sie löset vom Halse die glänzende Schnur:
„Wohlan nun, ihr Geister, ich halte den Schwur!"

Und nieder die Kette sie wirft in den Rhein,
Die Wogen bedecket ein silberner Schein,
Sie tragen der Perlen hellleuchtenden Kranz
Und wiegen ihn spielend im gaukelnden Tanz.

Und weiter und weiter sich dehnet der Kreis,
Vom Schaume die Wellen sich krönen so weiß,
Die Brandung entfesselt den Felsen umzischt,
Zur Höhe sie sprühet den dampfenden Gischt.

Zwei mächtige Wogen nun rauschen empor,
Sie bergen der Nixen hellschimmernden Chor,
Der einstens Lenore den Zauber geschenkt,
Sie freudig als Königin heute empfängt.

Die Wellen umspielen den zagenden Fuß,
Zur Heimath sie sendet den zitternden Gruß,
Noch einmal sie blickt zu den Sternen hinauf —
Dann nehmen die lockenden Fluthen sie auf.

Von schmeichelnden Wogen getragen im Schooß,
Sie sinket hinab in des Rheinkönigs Schloß;
Sie hält noch die Leier, die lieblich erklingt,
Indessen der Geisterchor jubelnd ihr singt:

„Heil, wir führen dich zum Throne!
Heil, dir winkt die Seenkrone!
Heil dir, Königin vom Rhein!"

Schluß.

Jahrhunderte sind nun verrauschet
　Im mächtigen Strome der Zeit,
Seit Lore in nächtlicher Stunde
Dem Rheine als Braut sich geweiht.

Wie lange schon fließen die Wasser
　Zum Ocean brausend hinab,
Seit dort seine Frevelthat büßte
Der Jüngling im fluthenden Grab.

Geschlechter, sie kamen und gingen,
　Ein jedes nur blieb seine Zeit,
Ein jegliches mußte erfahren
Den Wechsel von Freude und Leid.

Die prunkenden Schlösser, sie fielen,
Versanken in Asche und Staub;
Die letzten der Burgherrn nun lange
Schon ruhen, dem Moder zum Raub.

Nur kahle und finstere Mauern
Gespenstisch noch ragen empor,
Nicht hemmet des Wanderers Schritte
Das eisenbeschlagene Thor.

Nicht künden's die todten Gesteine,
Wie viel hier der Freude geglüht,
Auch nicht, wie in bitteren Thränen
Manch' liebliche Rose verblüht.

Nicht steigt von des Burgfräuleins Finger
Der Falke zur Höhe mehr schnell;
Nicht rufet im Burghof zum Jagen
Der zahlreichen Rüden Gebell.

Zerbrochen sind Leier und Harfe,
Verstummt ist der liebliche Klang,
Der fröhliche Sänger entschlummert,
Verhallet der Minnegesang.

Die Reben nur immer noch blühen;
Sie fielen der Zeit nicht zum Raub,
Und lockende Trauben erglühen
Im üppigen, grünenden Laub.

Auch Jene, die einstmals besungen
So herrlich den heimischen Wein,
Lenore, sie herrschet noch heute
Als Königin drunten im Rhein.

Wenn Adler und Leier am Himmel
Im silbernen Glanze erstehn,
Dann schwebt aus krystall'nem Palaste
Lenore empor zu den Höh'n.

Der Fischer, der fromm und vertrauend
Sich nahet der ragenden Ley,
Kehrt heimwärts mit reichlichem Fange
Und segnet die gütige Ley.

Der Frevler nur zittert und fliehet
Mit Schaudern den düsteren Ort,
Ihm hallt aus den wirbelnden Fluthen
Der Königin drohendes Wort:

„Wer hinfort sich mir naht und die Treue verrieth,
Ihn reißt mit Gewalt in den Strudel mein Lied,
Daß er Tod und Verderben erjage!"

Anmerkungen.

Die Loreleysage hat ihren Ursprung in der deutschen Mythologie. Nach derselben ist die Göttin Lora die Rächerin des Schwures und des Treubruches. Sie trägt eine Bernsteinkette; wirft sie diese auf's Meer, so brausen die Wellen auf und verschlingen die Treulosen. Daß man diese Sage nach dem Loreleyfelsen oberhalb St. Goar verlegt hat, ist dadurch begründet, weil dort in Folge der vielen Klippen im Rheine die Schiffahrt ehemals sehr gefährlich war. Bei den meisten Bearbeitungen dieser Sage ist aber gerade dieses wesentliche und hochpoetische Moment der Rache des Treubruches außer Acht gelassen oder nur nebenbei bemerkt worden. Zum richtigen Ausdruck ist es eigentlich erst durch Geibel's Oper gebracht und in dem vorliegenden Epos weiter durchgeführt worden.

Zur Einleitung.

Tief hinabgesunken von der glänzenden Höhe, welche die alte Stadt Bacharach erklommen, liegt sie jetzt innerhalb ihrer altersgrauen Mauern und Thürme still und düster da, gleich als gäbe sich die ergraute Matrone den schmerzlichen Erinnerungen an die entschwundene Jugend und Schönheit hin. Aber ein schöner Punkt bleibt sie dennoch und ein historisch merkwürdiger überdies, wenn auch das uralte Staleck in Trümmern liegt, das einst seinen mächtigen Arm über die Stadt schützend ausstreckte, und die Mauern zerfallen sind, die es einst in sorglicher Treue umfingen. Gegen die Ableitung des Namens von Bacchi ara streitet Bodman und mit ihm

Andere, die ihm nachschrieben. Was sie für sich haben, ist die mittelalterliche Schreibart des Namens: Bachrega, Beeraua, wie es in den frühesten Urkunden vorkommt. Obwohl der Klang dieser Namen wenig mit jenem römischen gemein hat, so dürfte doch die Orthographie jener Zeit geltend gemacht werden, um dieses Argument zu entkräften. Wichtiger ist, daß in keinem der alten Chorographen, Geographen, Historikern, noch in den Itinerarien des Ortes Erwähnung geschieht. Erwägt man aber Bacharachs Lage an einem Punkte, wo eine Insel den Uebergang der Germanen erleichtern, ein gerade auf die Insel mündendes Thal des jenseitigen Ufers sie unbemerkt bis an den Rhein gelangen lassen konnte, bedenkt man, daß gerade bei Bacharach ein weites, oben sich dreifach theilendes Thal gegen Gallien sich dehnt, und daß zwischen Bingen und Oberwesel kein weiteres Castell genannt wird, so dürfte man unbedenklich der Ansicht Minola's beistimmen, der hierher eines der fünfzig Castelle setzt, welche Drusus zum Schutze seiner Eroberungen baute.

Noch mehr als dieses spricht dafür die ara im Rheine, vor der vorgenannten Insel, welche noch in den Jahren 1803 und 1810 sichtbar geworden ist, wie wir von Augenzeugen berichtet finden, welche selbst auf derselben gestanden haben. Sie ist aus einer Klippe gehauen, ein Würfel von ansehnlicher Größe, oben mit einem Loche versehen, das ohne Zweifel zum Aufstellen einer Bildsäule gedient haben mußte. Auch späterhin noch, gegen Ende der dreißiger Jahre, stellten die Schiffer von Bacharach bei niedrigem Wasserstande eine Figur aus Stroh und alten Kleidern, an einer Stange befestigt, hinein, welche sie Bacchus nannten. Drei Stufen führten vom Würfel abwärts und auf der Rückseite war eine Inschrift eingegraben, welche leider nicht entziffert worden ist.*)

Gegen Ende des 9. Jahrhunderts erscheint Bacharach urkundlich zuerst; im Jahre 1119 schenkte Erzbischof Bruno von Köln die Kirche in Bacharach (sie stand, wo jetzt das Kloster steht) nebst zwei Drittel des Zehnten derselben dem Andreasstifte zu Köln. Der Weinbau, welchen Karl der Große so väterlich schützte, gab Bacharach Bedeutung, wozu gewiß auch beitrug, daß die Grafen des Trach- oder Crechir-Gaues auf Staleck, über Bacharach, hausten. Hermann

---

*) Siehe auch Pick, Monatsschrift für die Geschichte Westdeutschlands V. S. 179 und 535.

von Staleck, der mächtige Dynaste, welcher 1143 Pfalzgraf wurde, that viel für Bacharach's Flor; nachtheilig aber wirkte wieder seine nie rastende Kampfeslust. Ob des Friedensbruches mußte er die Strafe des „Hundetragens" erdulden, welche ihn so tief verwundete, daß er Mönch in Eberbach im Rheingau wurde und im folgenden Jahre an gebrochenem Herzen starb. Bacharach's Weinhandel erhob sich bald zu einer außerordentlichen Höhe. Seine Weinmärkte zogen Fremde aus allen Gauen Deutschlands an und es erhob sich zum alleinigen Stapelorte des Weinhandels am Rheine. Dorthin brachte der Rheingau seine Weine, dort lagerten sie bis zum Weinmarkte und Absatz, der indessen nicht lange ausblieb. Als Hermann von Staleck dem Schmerze erlegen war, welchen ihm Friedrich Rothbart's furchtbare Strafe verursacht, belehnte dieser Kaiser mit Stadt, Burg und Pfalzgrafschaft seinen Halbbruder Konrad von Hohenstaufen. Seiner Tochter Agnes blieb das Lehen und sie brachte es ihrem Gatten Heinrich, dem Langen, von Braunschweig, dem Sohne Heinrich's des Löwen zu, welcher auf Staleck bis zu seinem Tode residirte. Auch er hinterließ eine Tochter Agnes, welche ihre Hand Otto von Wittelsbach, dem Kaisermörder, gab, welcher hier zeitweise sich aufhielt. Die Wittelsbacher wirkten segensreich für den Ort. Sie erbauten die herrliche Kirche am Markte im edelsten byzantinischen Stile im dreizehnten Jahrhundert und gründeten das Kloster Winzbach oder auch Fürstenthal bei Rheindiebach, als der h. Knabe Werner von den Juden in Oberwesel hingemordet worden und hier Wunder gethan. In der Folge wurden die Reste des Heiligen in Bacharach in der seinen Namen tragenden herrlichen Wernerskirche am Berge beigesetzt. Auch diese erbauten sie. Ihre Ruinen entzücken noch heute das Auge durch die Reinheit und Schönheit des Stils und der einzelnen Details. Pfalzgraf Ludwig II. erbaute dieselbe sowie auch die Hospitalkirche zum h. Geiste und stiftete das reiche Hospital daselbst. Die Kirche ist ein Waarenmagazin und diente in der Periode der Fremdherrschaft gefangenen Spaniern zum Aufenthaltsorte. Er gab der Stadt Thürme und Mauern. So lange die Fürsten selbst auf Staleck's Felsensitz sich aufhielten, wuchs Bacharach's Glanz; allein schon 1156 verlegte Konrad seinen Sitz nach Heidelberg und nur in Zwischenräumen sah die Stadt ihre Herrschaft bei sich einziehen. Im Namen des Pfalzgrafen regierten zu Bacharach Vögte, später Oberamtmänner, unter denen die Namen Wilhelm Slach, Sponheim, Steinach, Kronberg, Sickingen und Metternich vorkommen. Ludwig dem Baier hat Bacharach es zu verdanken, daß es zur Stadt erhoben wurde. Später war die Stadt mit den drei Thälern (Steeg, Manubach und Diebach) an Churtrier verpfändet, wurde jedoch von den Pfalzgrafen wieder eingelöst. Schrecklich wütheten die Kreuzfahrer unter dem Mönch Gottschalk und Emich von Leiningen gegen die Juden in Bacharach wie auch anderwärts. Eigenthümlich und wohl kaum wieder in der deutschen Geschichte vorkommend ist die Verfassung, welche der Pfalzgraf Ruprecht Bacharach und seinen Thälern verlieh, ganz analog dem Zweikammersystem. Zwölf vom ansässigen Adel und zwölf aus dem Bürgerstande der Thäler bildeten den Vierthäler-Rath. Sie hielten unter dem Vorsitze des churkölnischen Salschult-heißen und des Staleck'schen Vogtes ihre Sitzungen und leiteten Verwaltung und Polizei frei und kräftig. Ein Schöffengericht, aus dem der Rath ergänzt wurde, verwaltete mit dem Salschultheißen die Gerichtsbarkeit. Ansehnlich waren die Privilegien der Thäler. (Die Weisthümer von Bacharach siehe bei Grimm, Weisthümer II. Band.)

An dem Städtebunde nahm Bacharach regen Antheil, allein gerade dieser Städtebund, der die Gewalt der Schnapphähne brach, legte zuerst den Grund zu Bacharach's Sinken. Durch die Sicherheit des Verkehrs und dessen Erweiterung fiel sein Weinhandel. Bis dahin hatte es ihn allein betrieben. Hierher brachte das Rhein- und Moselland sein Produkt; daher kam es, daß der Bacharacher Wein so berühmt war. Freilich trug dazu auch der herrliche Feuerwein bei, den man in den Thälern bereitete. Das Alles endete bald, als der Rheingau seine Weine selbst absetzte. Jetzt zerfielen die Weinmärkte und Bacharach's Himmel umwölkte sich. In den Zeiten des dreißig-jährigen Krieges wurde es achtmal belagert und erobert, und endlich durch Melac's und Bouflers Räuberhorden gänzlich zerstört. Welch' eine Reihe von Begebenheiten geht an dem Geiste vorüber, wenn das Auge auf diesem Orte ruht! Mit wehmüthigem Gefühle richtet es sich auf Staleck's Mauertrümmer. Hing ja doch mit seinem Geschicke das der Stadt enge zusammen, blühten und fielen sie ja doch miteinander!

Das Schloß kommt unter dem Namen Stalekun in einer

Urkunde von 1091 vor. Sicher ist es aber viel älter, ja eine der ältesten Burgen am Rhein. Pfalzgraf Konrad erhielt 1156 das Schloß als kölnisches Lehen, wie solches vorher der gedachte Hermann von Staleck besessen hatte. Die Dienstmannen, welche es später inne hatten, nannten sich auch von Staleck. Groß und fest war das Schloß, wie kaum Eins am Rhein. Seine Warte hatte eine Mauer von 14 Fuß Dicke. Auch Staleck wurde 1689 von den Franzosen gänzlich zerstört und ihre Wuth ließ sich an ihm besonders aus, weil es eben so fest und groß war. Wenige Mauern sind jetzt noch übrig. Damals traf gleiches Schicksal die schöne Wernerskirche.

Zu Gesang I.

1. **Lied.** Bertha, auch Holla, Hulda ist nach der deutschen Mythologie die Göttin des Frühlings, welche das Keimen und Gedeihen der Pflanzen bewirkt. Vor Beginn des Frühjahrs fährt sie auf geschmücktem Wagen durch die Felder und Auen und weckt Alles aus dem Winterschlafe.

Die hier genannten Patrizier von Bacharach werden in den Urkunden der Zech- und Trinkstubengesellschaften namentlich als Mitglieder dieser Gesellschaften aufgeführt. Solchen Zechgesellschaften (nicht von zechen-trinken, sondern in der Bedeutung, wie er noch in der Bergkunde vorkommt) werden drei genannt: zu Bacharach, zu Steeg und zu Manubach. Die Zechgesellschaft zu Bacharach löste sich 1818, die beiden anderen bereits im vorigen Jahrhundert auf.

Zu Gesang II.

4. **Lied.** Im Jahre 575 baute St. Goar an dem Orte, wo jetzt die gleichnamige Stadt sich erhebt, seine Zelle. Diese Gegend wurde von armen Fischern bewohnt und hier war der Rhein sehr gefährlich für die Schiffer. Der fromme Mann nahm hier seinen Wohnsitz, um denen, welche Schiffbruch litten, beizustehen und die Fischer sowie die Umwohner in der Lehre des Christenthums zu unterrichten. Auch fand jeder müde Wanderer in seiner Zelle Obdach und Speise. Kein Wunder, daß der Name des wohlthätigen Ein-

Siedlers weit und breit bekannt wurde. Auch König Sigbert hörte von ihm, berief ihn an seinen Hof und wollte ihn zum Erzbischof von Trier machen, aber der demüthige Goar schlug es aus und kehrte zu seinen armen Fischern zurück.

Als er arm und siech auf dem Sterbebette lag, schickte ihm König Sigbert zwei Priester und ließ später ein Kirchlein auf dem Grabe des heiligen Goar bauen, welches bald mit Gütern und Opfern reichlich beschenkt wurde. Wunder geschahen an seinem Grabe und seine Zelle blieb nach wie vor der Sitz der Gastfreundschaft, und wer gleichgültig vorüberging, dem begegnete gewiß etwas Schlimmes. So geschah es Karl dem Großen, als er auf einer Rheinfahrt gleichgültig an der Zelle des Heiligen vorüber fuhr. Er wurde plötzlich von einem dicken, finstern Nebel umgeben, so daß er zwischen St. Goar und Koblenz auf offenem Felde übernachten mußte. Seine Söhne Karl und Pipin, welche tödtlichen Haß gegen einander trugen, fanden sich am Grabe des Einsiedlers, und plötzlich war aller Groll in ihnen geschwunden; sie sanken sich versöhnt in die Arme. Auch Karl's geliebte Gemahlin, Fastrade, suchte und fand hier Genesung von einer schmerzlichen Krankheit.

Räuber zerstörten später das Grab des heiligen Goar und verbrannten die Kirche, in welcher manches kranke Herz Linderung, und die Zellen, in denen viele müde Wanderer gastliche Aufnahme gefunden hatten.

Zu Gesang IV.

1. Lied. **Wali** ist nach der deutschen Mythologie der Gott des Frühlings, auch ein Bogenschütze von furchtbarer Geschicklichkeit.

2. Lied. **Dagur** (daher Tag) ist der Gott des Tages, der ein wildes Roß besteigt, dessen Mähne die Erde beleuchtet.

Die in diesem Liede angegebenen Wappen sind folgende. Das pfalzgräfliche Wappen: ein goldgekrönter Löwe; das Wappen von Reichenstein: ein Stern; das Wappen von Mainz: ein silbernes Rad; das Wappen von Bacharach: ein schwarzes Kreuz, dasselbe wie Churköln, weil es ein kölnisches Lehen war.

4. Lied. **Gygien** sind die Luftgeister, welche die Stürme hervorbringen und mit ihnen die Lüfte durcheilen.

Nixen, hier Rheingeister. Sirenen sind die Nymphen des Meeres, Nixen die Nymphen der Flüsse, Najaden die Nymphen der Quellen. Der Mythologie gemäß herrscht aber unter diesen Geistern eine innige Verbindung, sie werden wie Schwestern dargestellt. Jeder Strom hat seinen König, welcher die Geister des Stromes beherrscht und der König des Rheines, männlich, doch unveränderlich, hat seinen Sitz im Lorelenfelsen, von wo er seine Rheingeister zu seinen Diensten aussendet.

Zu Gesang V.

1. Lied. Nach der Legende ward der h. Clemens auf einem Schiffe in's Meer gefahren, dort ein schwerer Anker an seinen Hals gebunden und er damit in's Meer gestürzt, damit die Christen seinen Leib nicht mehr finden möchten. Die am Ufer stehenden Christen beteten inbrünstig zu Gott, er möge nicht zugeben, daß der Leichnam des Heiligen im Meeresgrunde versenkt bleibe. Und siehe da! kaum hatte sich der Landpfleger mit seiner Begleitung entfernt, als das Meer auf 3000 Schritte zurücktrat und eine schön aus Marmor erbaute Kapelle sichtbar wurde. Verwundert stiegen die Christen zur Kapelle hinab und fanden darin einen steinernen Sarg, worin der Leichnam des Heiligen lag. Daneben sahen sie den Anker, an welchem er in das Meer versenkt worden. Unbeschreiblich war die Freude der Christen bei diesem Anblicke. Sie wollten sogleich den heiligen Leib erheben und mit sich nehmen, allein Gott gab ihnen zu erkennen, daß hier die Ruhestätte des heiligen Papstes bleiben möge, denn es würde sich alle Jahre das Meer auf sieben Tage zurückziehen, damit sie dann den heiligen Leib besuchen könnten, was auch viele Jahre hindurch geschehen ist. In der Folge aber wurden die Gebeine des Heiligen erhoben und nach Rom gebracht, wo eine alte ihm zu Ehren erbaute Kirche noch steht.

Der h. Clemens wird besonders als Patron der Schiffer verehrt.

Nach v. Mering, Ritterburgen, IV. Band wäre die Clemens=kirche bei Trechtinghausen nach 1286 erbaut. Solches kann aber nicht richtig sein, da der Stil derselben auf eine frühere Periode, die erste Hälfte des dreizehnten Jahrhunderts hinweist. Vermuthlich hängt die Erbauung damit zusammen, daß das ganze ehemals Reichen=

stein'sche Gebiet (Ober- und Niederheimbach und Trechtinghausen) Eigenthum der Abtei Cornelimünster war.

Reichenstein. Auf einem kegelförmigen, mit Weinreben bepflanzten, felsigen Berge liegt zwischen Trechtinghausen und der Clemenskirche die Burgruine Reichenstein und sind ihre großartigen wohlerhaltenen Trümmer Zeugen ihrer ehemaligen Stärke und Bedeutsamkeit.

Der alte Burghof ist umschlossen von den großen Ueberresten der Gebäude und an der Nordseite von einer sehr dicken und hohen Vertheidigungsmauer, welche zu beiden Seiten eine 3 1/2 Fuß hohe Zinnenmauer hat, an deren Ende sich ein Thurm, einst von zwei Stockwerken, als Wachthurm befindet. Außer der großen Festigkeit der Hauptgebäude hatte die Burg an mehreren Stellen noch eine dreifache Mauer zu ihrer Vertheidigung und an der Mittagsseite einen noch wohl erhaltenen Thurm. Der Haupteingang ist von Trechtinghausen her, wo einst eine Zugbrücke über den tiefen Festungsgraben führte; in die Burg selbst gelangte man durch ein langes, ganz erhaltenes Thorgewölbe.

Der Name Reichenstein kommt jetzt nur noch in Urkunden vor, da die Einwohner der Umgegend die Burg seit dem vierzehnten Jahrhundert von dem Mainzer Dompropste, Kuno von Salkenstein, der sie längere Zeit im Pfandbesitze hatte, die Salkenburg nennen, unter welchem Namen sie auch auf den Landkarten verzeichnet ist. Die Zeit ihrer Erbauung ist nicht bekannt. Zu Ende des 12. und im 13. Jahrhundert gehörte sie der Abtei Cornelimünster und das Geschlecht der Rheinboten in Bingen war von ihr mit derselben belehnt. Jedoch der Vogt Gerhard trieb von Reichenstein aus ein gewaltiges Gewerbe gegen die vorüberziehenden Kaufleute und drückte die armen Unterthanen des Klosters zu Ober-, Nieder-Heimbach und Trechtinghausen. Deshalb nahm Abt Florenz ihm die Vogtei und belieh mit ihr 1214 Philipp von Boland, Vicedom im Rheingau. Sein Sohn Werner lebte fortwährend auf der Burg und nannte sich nach ihr Werner von Reichenstein. Nach seinem Tode folgte ihm sein Bruder Philipp, der sich von einer Burg in der Eifel von Hohenfels nannte und meist abwesend auf seinen entfernten Gütern lebte. Die Burgmannschaft zu Reichenstein trieb nun von Neuem Räuberei und Bedrückung, weshalb der 1254 gestiftete rheinische Städtebund die Burg brach. Philipp von Hohenfels baute sie jedoch wieder auf;

da aber die Räubereien kein Ende nahmen, so sah sich 1270 der Abt von Cornelimünster veranlaßt, die Burg mit der ganzen Umgebung an das Stift St. Maria ad gradus zu Mainz zu verkaufen, worauf 1271 Philipp von Hohenfels die Lehnsherrschaft des Erzbischofs von Mainz anerkannte und den Lehnseid leistete. 1282 zerstörte Kaiser Rudolf von Habsburg wiederum die Burg und ließ die Burgmannschaft, unter welcher sich mehrere Ritter befanden, ohne Ansehen der Person enthaupten. Die Herren von Hohenfels überließen nunmehr ihre Rechte an der Burg den Pfalzgrafen Rudolf und Ludwig, welche sie wiederherstellten. Von dem Besitze der Herren von Boland ist noch heute ihr Wappen Zeuge, das sich an der westlichen Burgmauer vorfindet. 1313 traten die genannten Pfalzgrafen dem Erzbischof Peter von Mainz ihre Rechte ab. 1354 erhielt der Dompropst Kuno von Salkenstein Reichenstein, Klopp und Ehrenfels mit dem Striche Landes von Bingen bis unterhalb Niederheimbach in Pfandbesitz, den er aber aufgab, als er später Erzbischof von Trier wurde.

Churmainz blieb nun im ungestörten Besitze der Burg, die 1688 von den Franzosen zerstört wurde.

Rheinstein wurde früher Voigtsberg genannt, wie auch der oberhalb der Burg gelegene Meierhof Voigtsbergerhof genannt wurde. Die Entstehung derselben wird in den Anfang des 13. Jahrhunderts gesetzt, wie denn schon vor 1250 Burgmänner von Sodesburg urkundlich erwähnt werden. Der Grund der Erbauung mag wohl darin gelegen haben, das kurfürstlich mainzische Gebiet zu schützen, da nicht weit von dieser Burg, unterhalb Heimbach, der in den Rhein mündende Kreuzbach die Grenze gegen das churpfälzische Gebiet bildete, woselbst auch eine Verbindungsstraße zwischen der von Bingen nach Trier führenden Römerstraße und dem Rheine sich befindet. Bodmann theilt mit, daß unter der Oberaufsicht des Vicedom's des Rheingaues die Burg ohne Zweifel durch die Erzbischöfe von Mainz erbaut worden sei. Sodann wurde hier am Fuße des Berges auf der Rheinstraße ein Judenzoll erhoben, der nicht uneinträglich war. Interessant ist es, daß die Erheber dieses Zolles sich lange Zeit besonders dazu abgerichteter Hunde bedienten, um die Juden unter den Reisenden heraus zu finden. — Als die Burg erbaut war, wurde sie den erzbischöflichen Vögten von Bingen, welches Amt lange Zeit in der alten Familie der Rheinboten von Bingen erblich blieb, übergeben und erhielt dadurch den Namen Voigtsberg oder Sautsberg. Von den Räubereien, welche die Burgleute des Stiftes Cornelimünster auf's Schamloseste übten, nämlich von den übelberüchtigten Burgen Soneck und Reichenstein herab, hielten sich die Burgmannen von Voigtsberg stets frei. Als daher der Städtebund unter Mitwirkung der Erzbischöfe von Mainz in der Mitte des 13. Jahrhunderts Soneck und Reichenstein eroberte und in rauchende Trümmerhaufen verwandelte, blieb Voigtsberg unversehrt, ja es diente dem Bundesheere als Stütze und Haltpunkt, wie die Burg es 30 Jahre später, als jene beiden Burgen wieder erbaut worden und deren Besitzer wieder das frühere Räuberhandwerk ausübten, dem edlen Rächer des gebrochenen Landfriedens, Rudolf von Habsburg war, der hier seine Wohnung nahm und auf ihren Zinnen das Reichspanier aufpflanzte, als er jene beiden im gerechten Zorne der Erde gleich machte. Ungestört blieb fortab die Burg im Besitze der Erzbischöfe und viele hier ausgestellte Urkunden bezeugen, daß sie oft und gern hier verweilten, wie dieses namentlich von den beiden Erzbischöfen Mathias und dem berühmten Verweser Kuno von Falkenstein der Fall war. Er hielt sich auf dieser Burg auf, als er in der Mitte des 14. Jahrhunderts auf die Kurwürde und das Erzbisthum verzichtete, bis er neun Jahre später die Kunoburg bei Welmich erbaute, dorthin übersiedelte und längere Zeit blieb. Durch seinen Tod fiel die Burg an das Erzbisthum zurück, welches damit ausgezeichnete Diener belehnte, bis sie in der zweiten Hälfte des 16. Jahrhunderts als Erblehen an die Ritterfamilie von Wittberg kam, welche im Nahgau begütert war und deren Stammburg auf dem nördlichen Abhange des Soon in ihren Trümmern noch stolz und groß liegt. Als diese Familie erlosch, ging das Lehen an die Familie von Eitz über, in deren Besitz es blieb und zerfiel. Schon zur Zeit des dreißigjährigen Krieges war die Burg Ruine. Von der Familie von Eitz kaufte der Prinz Friedrich von Preußen die Ruine und ließ das jetzige Schloß in den Jahren 1825 bis 1829 aufbauen.

Jormungandur oder die Midgardschlange ist die Schwester des Riesenwolfes Fenris und der Hala, Kinder des Riesenkönigs Utgardloke. Die Schlange umwindet, in der Tiefe des Meeres ruhend, den Erdball. Durch ihre Bewegungen gerathen die Wasser in Aufruhr und die Wellen thürmen sich bergehoch.

4. Lied. Walkyren, die lieblichen, himmlischen Jungfrauen, welche bei dem fröhlichen Mahle in Walhalla den himmlischen Trank kredenzten und aufwarteten. Auch führen sie nach vollendeter Schlacht zu Odin die Seelen der als Tapfere Gefallenen. Eine von ihnen ist

Rista, die bei Odin selbst den Mundschenksdienst versah.

5. Lied. Odin oder Wodan, der höchste der Asagötter. Er führte im Götterrath den Vorsitz unter dem Weltbaum Yggdrasil. Seine Wohnung war über der Erde in Asgard. Ihm sind Himmel und Erde seit ihrer Entstehung unterworfen und alle übrigen Götter gehorchen ihm. Er verleiht Weisheit, Tapferkeit, Sieg und Reichthum. Von seinem Throne Hlidskialf in Walhalla übersieht er die ganze Welt und blickt in das Innere der Erde. Sein achtfüßiges Roß, Sleipnir, ist das schnellste Thier der Welt.

Braga oder Bragi, der mit hoher Weisheit begabte Gott der Beredtsamkeit, der Dichtkunst und des Gesanges, war ein Sohn Odin's und der Frigga. Als Urheber der Dichtkunst wurde er Framsmidur-Bragar und seine Kunst Bregur genannt. Auch hieß er der langbärtige Gott, denn man stellte sich ihn als einen schneeweiß behaarten Greis mit langem, bis zum Nabel herabwallenden Bart vor; aber seine Stimme, die er mit den Zaubertönen der Harfe begleitet, ist ewig jugendlich und voll Kraft. Auf seiner Zunge sind Zauberrunen eingeschnitten und er empfängt und begrüßt im Verein mit Hermedur, dem raschen Botschafter der Götter die Einherien (Seelen der im Kampf Gefallenen) in Walhalla, wobei er spricht: „Trinkt den köstlichen Meth mit den Göttern und genießt die Vergnügen, den Einherien bestimmt!" Wenn nun Könige den Thron bestiegen, leerten sie das hochgefüllte Trinkhorn Bragarfüll, wobei sie ein feierliches Versprechen machten, eine erhab'ne That, die sie des Götterschutzes würdig machte, zu vollbringen. Seine Gattin war die holde Göttin der Unsterblichkeit und der ewigen Jugend, Jduna, die Tochter Ywaldi's. In krystallenen Schalen bietet sie den Göttern und Einherien die kostbaren goldenen Aepfel dar, welche die, so sie genießen, fortwährend verjüngen und ihnen jugendliche Kraft verleihen.

Die Nornen, die selbst den Göttern furchtbaren Schicksalsgöttinnen, hießen Urd oder Wurdi (die Vergangenheit), Verandi (die Gegenwart) und Skulda (die Zukunft). Die Erste soll aus dem ältesten Geschlechte der Riesen, die Zweite aus dem der Asen und die Dritte aus dem der Wanen stammen. Sie wohnten unter der großen Weltesche Yggdrasil in einer anmuthigen Grotte am Urdarquell. Hier graben sie mit unvertilgbarer Runenschrift die unabänderlichen Verhängnisse des Schicksals in den Schild ein und begießen mit heiligem Urdarwasser den Weltbaum.

In diesem Liede sind einige Strophen aus der Oper „Lorelen" von Geibel beibehalten.

Zu Gesang VII.

2. Lied. Wolakünste sind Zauberkünste.

7. Lied. Miölner ist der Hammer Thor's, mit welchem er Alles niederschlägt. Thor ist der Gott der Kraft und des Donners. Er hat eiserne Handschuhe, die kein Anderer tragen könnte, einen Gürtel, der seine Stärke verdoppelt, einen Hammer, Miölner genannt, der, wenn er ihn nach dem Feinde schleudert, zu ihm zurückkehrt, und einen von zwei Böcken gezogenen Wagen, der durch sein Rollen den Donner hervorbringt.

Zu Gesang VIII.

1. Lied. Freya ist die Göttin der Liebe, vermählte sich mit Odur, der sie aber verließ, um umher zu schweifen. Sie sucht ihn überall und beweint ihn mit goldenen Thränen. Sie war die Tochter des Gottes Niordur und nach Frigga die angesehenste der Asinnen. Ihr Palast in Asgard hieß Söttovangur.

2. Lied. Asgard war die herrliche Götterburg, welche mitten über der Erde, im Himmel, von den Asagöttern erbaut wurde und wo jeder Gott seinen eigenen Palast hatte.

Wanheim lag zwischen den Wolken und der Götterburg Asgard, und war der Aufenthalt der Winde und Luftgötter.

Silbereber oder Hildesvine vertrat bei der holden Mond-

und Liebesgöttin Freya die Stelle des Rosses. Seine mildscheinenden Borsten erhellten die Nacht.

Muspelheim, der Flammenhimmel, der Aufenthalt des ewig unerforschlichen Alfadur. Muspelheim liegt noch weit über der Götterwelt und man gelangt dahin erst durch den eigentlichen Aufenthalt der Seligen, durch Gimle.

Siofna ist die Göttin, welche bei Liebenden die erste gegenseitige Neigung hervorruft.

Wara ist die Göttin, welche den Eid der Treue annimmt und beschützt oder rächt. Sie, sowie Siofna waren im Gefolge der Göttin Freya.

Alfadur ist das höchste Wesen, welches über alle Asagötter erhaben ist. Er ist der Ursprung der irdischen und überirdischen Wesen.

Zu Gesang IX.

Das Kloster **Schönau**, eine Meile von Bacharach entfernt auf der rechten Rheinseite in einem Thale des Einrichgaues gelegen, wurde 1132 vom Grafen Ruprecht von Lurenburg gestiftet und dem h. Florinus geweiht. Es war dieses aber ein Mönchskloster des Benediktinerordens und der erste Abt desselben, Hildelin, stiftete in unmittelbarer Nähe ein Nonnenkloster desselben Ordens. In diesem Nonnenkloster war späterhin Meisterin die h. Elisabeth, welche im Jahre 1165 im Alter von 36 Jahren starb. Sie war berühmt als Seherin und durch verschiedene Offenbarungen. So wird von ihr berichtet, daß sie die Namen und die Lebensgeschichte verschiedener Personen aus der Gesellschaft der h. Ursula, deren Reliquien Abt Rupert von Deutz aufgefunden, offenbart habe. Auch soll sie kund gethan haben, daß sich in Boppard Leiber von hh. Märtyrern unentdeckt vorfänden. Diese Prophezeihungen und Offenbarungen sind aber mit Vorsicht aufzunehmen, da sie selbst erklärte, sie sei zu vielen derselben (wahrscheinlich durch ihren Bruder, der dieselben aufzeichnete) gezwungen worden. Ihr Bruder Egbert war Abt des Mönchsklosters zu Schönau. Derselbe ist dadurch berühmt geworden, daß er zu Köln und Koblenz mit Häretikern disputirte. Früher war er Kanonikus in Bonn. Das Frauenkloster wurde, nachdem es von fast allen Nonnen verlassen, von Graf Ludwig von Nassau im Jahre 1607 zerstört und dessen Güter dem Mannskloster in Schönau zugewendet.

5. Lied. **Ankathor-Wagenthor** wurde der Asengott Thor genannt, weil er als Donnerer auf ehernem Wagen fuhr. Bilskinir wurde sein Palast genannt.

Rana war des Wassergottes Aigir Gattin. Ihre Töchter sind die Wellenmädchen oder Wassernixen, bleichbehaarte, weißbeschleierte Jungfrauen, welche ihrer tückischen Mutter Rana zum Trotz die Schiffe beschützen.

7. Lied. **Svartalfheim** sind die unterirdischen Höhlen und Grotten, wo die Dvergar oder schwarzen Alfen (d. i. Zwerge) hausen. Sie sind die besten Schmiede und liefern die künstlichsten Arbeiten in Metallen und Steinen. Die Dvergar hatten auch den Halsschmuck der Freya, den Brising, gearbeitet.

Alfen oder **Elfen** sind die eigentlichen oder Lichtelfen, ätherische, fast durchsichtige Himmelsgeister in silberscheinenden Gewändern.

Zu Gesang X.

1. Lied. **Sylgien** waren feenartige Wesen, welche bei der Geburt der Menschen gegenwärtig waren und die goldenen Schicksalsfäden spannen, die sie im Mond befestigten. Es gab gute und böse Sylgien. Die bösen ritten auf Wölfen mit Schlangenzügeln und wem sie erschienen, dessen Ende war nahe.

Hela, die Göttin von Helheim, der Unterwelt. Sie war halb weiß, halb blau, ihr Scepter ein Knochen, ihr Thron von Schädeln und Gebeinen erbaut. Ihr Erscheinen verkündete gleichfalls den Tod. Die schweren Verbrecher sandte sie nach Nastrond, wo sich auch der ungeheure Abgrund Hvergelmir befindet, dessen Dachgewölbe aus Schlangenleibern geflochten ist, und wo der Schlangenkönig Nidhöggur wüthet.

3. Lied. **Jvidien** sind die Wald- und Baumelfen.

Heimdall oder **Heimdallur** ist der weise Himmelswächter, ein Sohn Odin's. Sein Schloß steht auf der Himmelsbrücke (dem Regenbogen) und heißt Himminbiörg. Sein Horn heißt Giallar und hat einen so mächtigen Klang, daß es in der ganzen Welt gehört wird. Damit wird er auch bei der Götterdämmerung zum allgemeinen Weltkampf rufen.

Zu Gesang XI.

1. Lied. Loke, auch Asaloke genannt, war der verschmitzte, schlaue und höhnische Gott der Verläumdung und des Betrugs.

Aus Haß hatte er einst in Thor's Abwesenheit, dessen Gattin, Sinva, ihr schönes, glänzendes Haar abgeschnitten und war damit fortgeeilt; der Wind entriß ihm jedoch die meisten Goldlocken, welche in das Herthathal und Guldbrandothal (im Norden von Norwegen) fielen, daher die blonden Goldlocken der Frauen jener Gegend. Als Thor aber zurückkehrte, drohte er Loke so furchtbar, daß dieser nun von den Zwergen in Swartalfheim ein neues, noch prächtigeres Goldhaar anfertigen ließ, welches er der Sinva schenkte, um Thor zu versöhnen.

www.ingramcontent.com/pod-product-compliance
Lightning Source LLC
Chambersburg PA
CBHW032223230426
43666CB00033B/876